No.

Date

Gakken

THE LOOSE-LEAF STUDY GUIDE 1

FOR JHS STUDENTS

ルーズリーフ参考書
中1 5教科
改訂版

中学1年生の5教科をまとめて整理するルーズリーフ

THE LOOSE-LEAF STUDY GUIDE GAKKEN -PLUS-

JN020997

本書の使い方 HOW TO USE THIS BOOK

ルーズリーフ参考書は,すべてのページを自由に入れ替えて使うことができます。

ノートやバインダーに差し込んで,
勉強したい範囲だけを取り出したり,自分の教科書や授業の順番に入れ替えたり……。
自分の使っているルーズリーフと組み合わせるのもおすすめです。
あなたがいちばん使いやすいカタチにカスタマイズしましょう。

各単元の重要なところが,一枚にぎゅっとまとまっています。

STEP 1 空欄に用語や数・式を書き込む

あっという間に要点まとめが完成!

➡予習型
授業の前に教科書を読みながら穴埋め

➡復習型
授業を思い出して穴埋め

➡スピードチェック型
テスト直前に実力を確認!

*解答は各教科のおわりにあります。

STEP 2 何度も読み返して覚える

余白に補足情報を書き足そう。
└授業中の先生の話や,ゴロ合わせなど。

アイコン… 注意 重要 資料

覚えたところや苦手なところをチェックして,
効率よく確認していきましょう。

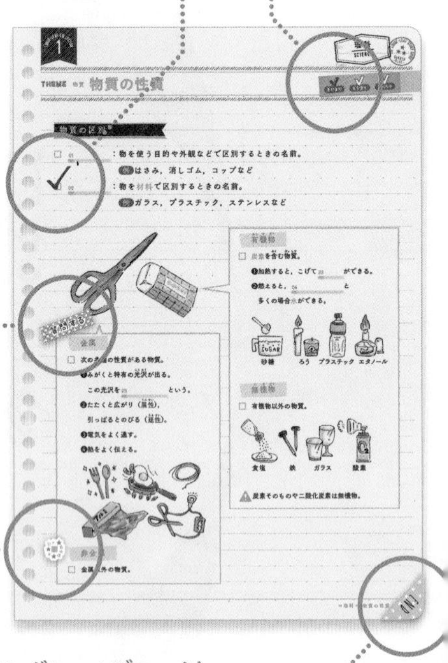

マスキングシールでマーク!

ルーズリーフのはがし方 HOW TO DETACH A SHEET

注意
ATTENTION

01 最初にリボンを取りはずしてください。
(カバーをはずしてシールをはがすか,はさみで切ってください)

02 はがしたいページをよく開いた状態で,
一枚ずつ端からゆっくりはがしてください。

力を入れて勢いよくひっぱったり,
一度にたくさんのページをはがしたりすると,
穴がちぎれてしまうおそれがあります。

01

02

THE LOOSE-LEAF STUDY GUIDE 1

FOR JHS STUDENTS

ルーズリーフ参考書
中1 5教科
改訂版

英語 ENGLISH

数学 MATH

理科 SCIENCE

社会 SOCIAL STUDIES

国語 JAPANESE

THE LOOSE-LEAF STUDY GUIDE 1 FOR JHS STUDENTS

ルーズリーフ参考書
中1 5教科
改訂版

協力 コクヨ株式会社

編集協力 金子哲，杉本丈典，木村紳一，長谷川健勇，八木佳子，坪井俊弘

カバー・本文デザイン LYCANTHROPE Design Lab.［武本勝利，峠之内綾］

シールデザイン sandesign 吉本桂子

イラスト キリ，MIWA★，陽菜ひよ子，こしたかのりこ，根津あやぼ，タカオエリ

DTP （株）四国写研

図版 木村図芸社，ゼムスタジオ

写真提供 写真そばに記載，記載のないものは編集部

時間割

学校の時間割や塾の予定などを書き込みましょう。

		月	火	水	木	金	土
登校前							
1							
2							
3							
4							
5							
6							
放課後	夕食前						
	夕食後						

年間予定表

定期テストや学校行事などのほか、個人的な予定も書き込んでみましょう。

4月	
5月	
6月	
7月	
8月	
9月	
10月	
11月	
12月	
1月	
2月	
3月	

1年間の目標

主に勉強に関する目標を立てましょう。

テストによく出る単語

超重要な項目をコンパクトにまとめました。目立つところに入れたり貼ったりして，いつでも確認できるようにしましょう。

季節・月

□	spring	（春）	□	fall	（秋）
□	March	（3月）	□	September	（9月）
□	April	（4月）	□	October	（10月）
□	May	（5月）	□	November	（11月）
□	summer	（夏）	□	winter	（冬）
□	June	（6月）	□	December	（12月）
□	July	（7月）	□	January	（1月）
□	August	（8月）	□	February	（2月）

曜日

□	week	（週）
□	Sunday	（日曜日）
□	Monday	（月曜日）
□	Tuesday	（火曜日）
□	Wednesday	（水曜日）
□	Thursday	（木曜日）
□	Friday	（金曜日）
□	Saturday	（土曜日）

教科

□	subject	（教科）
□	English	（英語）
□	Japanese	（国語，日本語）
□	math	（数学）
□	science	（理科）
□	social studies	（社会）
□	music	（音楽）
□	art	（美術）

数

		数	～番目
□	1	one	first
□	2	two	second
□	3	three	third
□	4	four	fourth
□	5	five	fifth（つづり注意）
□	6	six	sixth
□	7	seven	seventh
□	8	eight	eighth（tが1つ）
□	9	nine	ninth（eがない）
□	10	ten	tenth
□	11	eleven	eleventh
□	12	twelve	twelfth（つづり注意）
□	13	thirteen	thirteenth
□	14	fourteen	fourteenth
□	15	fifteen（つづり注意）	fifteenth

		数	～番目
□	16	sixteen	sixteenth
□	17	seventeen	seventeenth
□	18	eighteen（tが1つ）	eighteenth
□	19	nineteen	nineteenth
□	20	twenty	twentieth（つづり注意）
□	21	twenty-one	twenty-first
□	22	twenty-two	twenty-second
		⋮	⋮
□	30	thirty	thirtieth
□	40	forty（uがない）	fortieth
□	50	fifty（つづり注意）	fiftieth
□	60	sixty	sixtieth
□	70	seventy	seventieth
□	80	eighty（tが1つ）	eightieth
□	90	ninety	ninetieth
□	100	one hundred	one hundredth

テストによく出る動詞の過去形

動詞の過去形

赤文字は不規則動詞，赤下線はつづり注意。

動詞（意味）	過去形	動詞（意味）	過去形	動詞（意味）	過去形
□ answer（答える）	answered	□ know（知っている）	knew	□ sit（すわる）	sat
□ ask（たずねる）	asked	□ learn（学ぶ）	learned	□ sleep（眠る）	slept
□ break（こわす）	broke	□ leave（去る）	left	□ speak（話す）	spoke
□ buy（買う）	bought	□ like（好きである）	liked	□ stand（立つ）	stood
□ call（呼ぶ，電話する）	called	□ listen（聞く）	listened	□ start（始まる）	started
□ catch（つかまえる）	caught	□ live（住んでいる）	lived	□ stop（止まる）	stopped
□ change（変える）	changed	□ look（見る）	looked	□ study（勉強する）	studied
□ clean（そうじする）	cleaned	□ lose（失う）	lost	□ swim（泳ぐ）	swam
□ close（閉じる）	closed	□ love（愛している）	loved	□ take（取る）	took
□ come（来る）	came	□ make（作る）	made	□ talk（話す）	talked
□ cook（料理する）	cooked	□ mean（意味する）	meant	□ teach（教える）	taught
□ cry（泣く，叫ぶ）	cried	□ meet（会う）	met	□ think（思う）	thought
□ do（する）	did	□ move（移動する）	moved	□ try（ためす）	tried
□ drink（飲む）	drank	□ open（開ける）	opened	□ turn（曲がる）	turned
□ drive（運転する）	drove	□ play（〈スポーツを〉する，演奏する）	played	□ use（使う）	used
□ eat（食べる）	ate	□ practice（練習する）	practiced	□ visit（訪問する）	visited
□ enjoy（楽しむ）	enjoyed	□ put（置く）	put	□ wait（待つ）	waited
□ find（見つける）	found	□ read（読む）	read [red]	□ walk（歩く）	walked
□ get（手に入れる）	got	□ run（走る）	ran	□ want（ほしい）	wanted
□ go（行く）	went	□ say（言う）	said	□ wash（洗う）	washed
□ have（持っている）	had	□ see（見る）	saw	□ watch（見る）	watched
□ hear（聞こえる）	heard	□ sell（売る）	sold	□ win（勝つ）	won
□ help（手伝う）	helped	□ send（送る）	sent	□ work（働く）	worked
□ hold（持つ，にぎる）	held	□ show（見せる）	showed	□ worry（心配する）	worried
□ join（参加する）	joined	□ sing（歌う）	sang	□ write（書く）	wrote

中1数学の超キホン事項

超重要な項目をコンパクトにまとめました。目立つところに入れたり貼ったりして，いつでも確認できるようにしましょう。

正負の数 ―の符号の扱い方がポイント

□ 加法

同符号の２数の和

絶対値の和に共通の符号をつける。

例 $(-2)+(-3)=-(2+3)=-5$

異符号の２数の和

絶対値の差に絶対値の大きいほうの符号をつける。

例 $(-5)+(+2)=-(5-2)=-3$

□ 減法

ひく数の符号を変えて，加法に直して計算する。

例 $(-3)-(-2)$

$=(-3)+(+2)=-1$

□ 乗法・除法

同符号の積・商

答えに ＋ の符号をつける。

例 $(-2)\times(-3)=+(2\times3)=+6$

$(-8)\div(-2)=+(8\div2)=+4$

異符号の積・商

答えに － の符号をつける。

例 $(-2)\times(+3)=-(2\times3)=-6$

$(+8)\div(-2)=-(8\div2)=-4$

計算の順序

かっこの中・累乗
↓
乗法・除法
↓
加法・減法

文字と式 文字をうまく使おう

□ 文字式の表し方

- 記号 × を省き，数を文字の前に書く。 例 $a\times2\times b=2ab$
- 同じ文字の積は累乗の指数を使って書く。 例 $a\times a\times a=a^3$
- 記号 ÷ は使わず分数の形で書く。 例 $a\div7=\frac{a}{7}$

□ かっこのはずし方

$+(a-b)=a-b$　　$-(a-b)=-a+b$

方程式 式の形をよく見よう

□ 方程式の解き方

文字の項を左辺，数の項を右辺に移項
↓
$ax=b$ の形にする
↓
両辺を x の係数 a でわる

等式の性質 $A=B$ ならば，

① $A+C=B+C$　② $A-C=B-C$

③ $AC=BC$　④ $\frac{A}{C}=\frac{B}{C}$ $(C\neq0)$

比例と反比例 比例と反比例のちがいをよく見よう

比例の関係

□ 比例の式 $y=ax$ （a は比例定数）

□ x が２倍，３倍，…になると，y も２倍，３倍，…になる。

□ グラフは原点を通る直線。

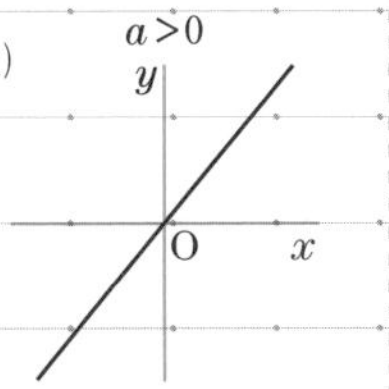

反比例の関係

□ 反比例の式 $y=\frac{a}{x}$ （a は比例定数）

□ x が２倍，３倍，…になると，y は $\frac{1}{2}$ 倍，$\frac{1}{3}$ 倍，…になる。

□ グラフは双曲線。

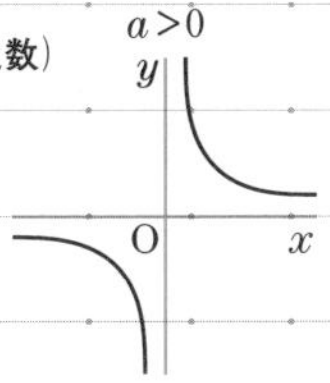

平面図形　図形の性質を覚えよう

□ 図形の移動

平行移動

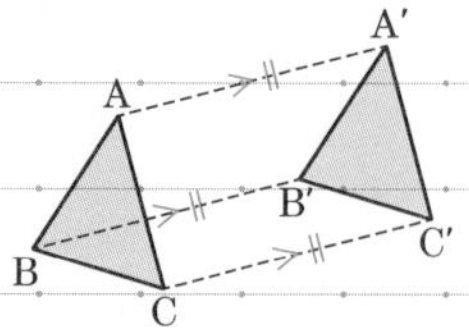

回転移動

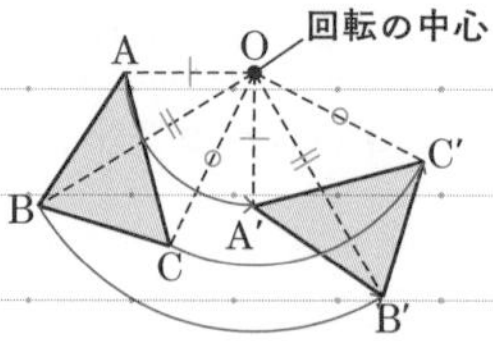

対称移動

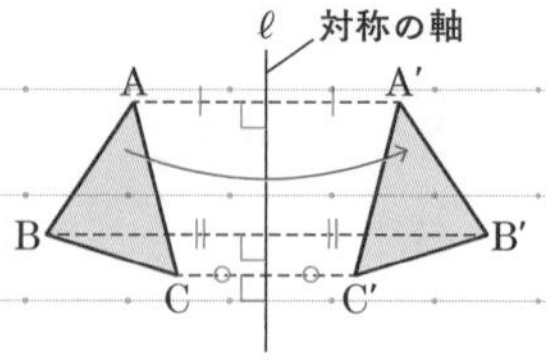

□ 作図

垂直二等分線

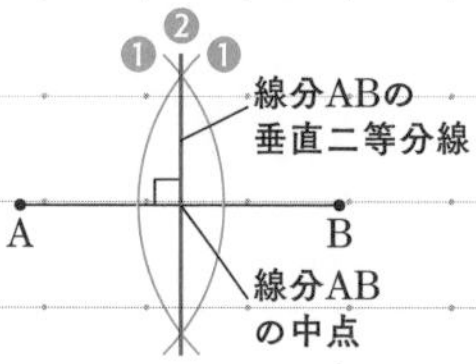

角の二等分線

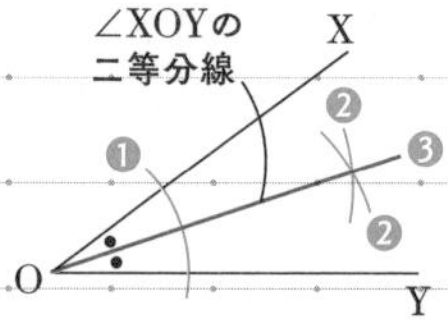

垂線

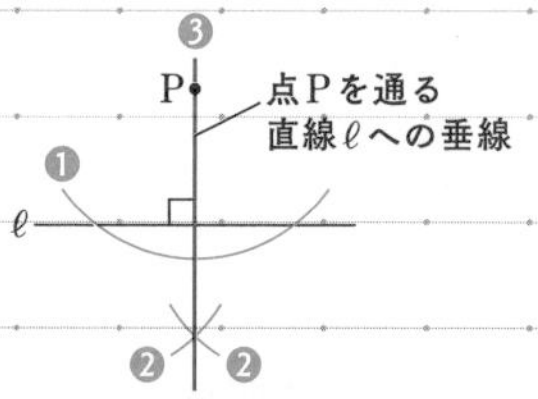

□ おうぎ形

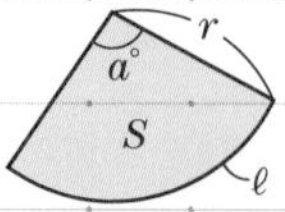

- 弧の長さ $\ell=2\pi r\times\frac{a}{360}$
- 面積 $S=\pi r^2\times\frac{a}{360}$

（半径 r，中心角 a°，円周率 π）

円

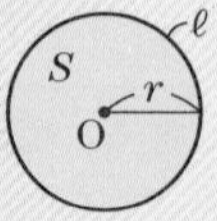

- 円周の長さ $\ell=2\pi r$
- 面積 $S=\pi r^2$

（半径 r，円周率 π）

空間図形　表面積と体積の公式を覚えよう

□ 角柱と円柱

- 表面積＝側面積＋底面積×2
- 角柱の体積 $V=Sh$ ／ 円柱の体積 $V=\pi r^2 h$

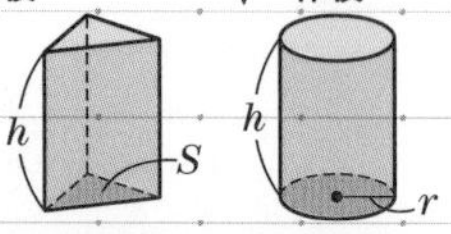

（高さ h　底面積 S　半径 r）

□ 角錐（かくすい）と円錐

- 表面積＝側面積＋底面積
- 角錐の体積 $V=\frac{1}{3}Sh$ ／ 円錐の体積 $V=\frac{1}{3}\pi r^2 h$

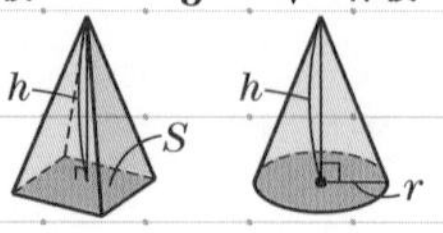

（高さ h　底面積 S　半径 r）

□ 球

- 表面積 $S=4\pi r^2$
- 体積 $V=\frac{4}{3}\pi r^3$

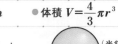

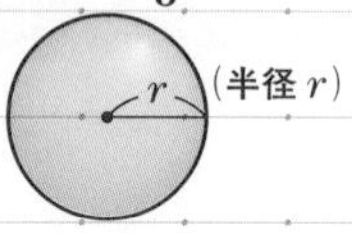

データの活用　用語を覚えよう

□ 相対度数 ＝ $\frac{\text{各階級の度数}}{\text{度数の合計}}$

□ 平均値 ＝ $\frac{\text{（階級値×度数）の合計}}{\text{度数の合計}}$　（度数分布表から求める場合）

中1理科の超キホン公式・法則・単位

超重要な項目をコンパクトにまとめました。目立つところに入れたり貼ったりして，いつでも確認できるようにしましょう。

身のまわりの物質の性質

計算も問われる！

☐ 物質の密度〔g/cm³〕＝$\dfrac{\text{物質の質量〔g〕}}{\text{物質の体積〔cm}^3\text{〕}}$

水溶液

溶液＝溶質（溶けるもの）＋溶媒（水など）。読み間違えないよう注意！

☐ 質量パーセント濃度〔%〕＝$\dfrac{\text{溶質の質量〔g〕}}{\text{溶液の質量〔g〕}}\times 100=\dfrac{\text{溶質の質量〔g〕}}{\text{溶質の質量〔g〕}+\text{溶媒の質量〔g〕}}\times 100$

光

要点を押さえれば，作図問題もバッチリ。

☐ 光が物体の表面で反射するとき：入射角＝反射角　（光の反射の法則）

☐ 光が空気中から水中（ガラス中）へ進むとき：入射角＞屈折角

☐ 光が水中（ガラス中）から空気中へ進むとき：入射角＜屈折角

凸レンズを通る光の進み方

❶光軸に平行な光：凸レンズを通過後，焦点を通る。

❷凸レンズの中心を通る光：凸レンズを通過後，直進する。

❸焦点を通る光：凸レンズを通過後，光軸に平行に進む。

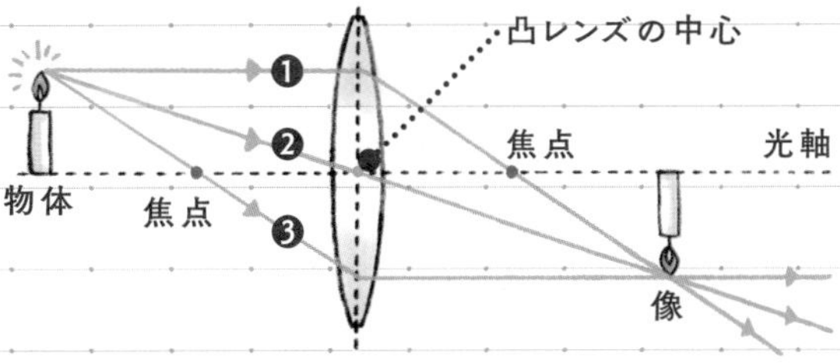

力

力の計算は単位に要注意！

☐ フックの法則：ばねを引く力の大きさと，ばねののびは比例する。

☐ 2力のつり合いの条件

❶一直線上にある

❷逆向き

❸同じ大きさ

☐ 力の3要素

❶力の作用点　❷力の向き

❸力の大きさ

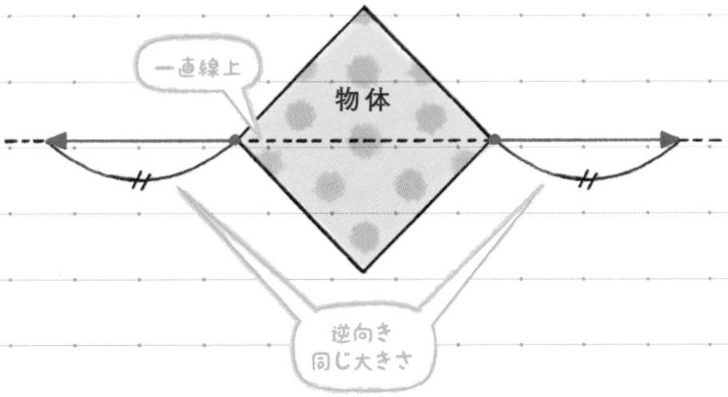

単位表

単位とは測定するときの基準になるものです。不安なときは表を見て確認しましょう。

	名称	記号	変換など		名称	記号	変換など
長さ	キロメートル	km	1 km＝1000 m	力	ニュートン	N	1 N は，質量約 100 g の物体にはたらく重力
	メートル	m	1 m＝100 cm				
	センチメートル	cm	1 cm＝10 mm	時間	時間	h	1 h＝60 min＝3600 s
	ミリメートル	mm	1 mm＝0.001 m		分	min	1 min ＝ 60 s
面積	平方キロメートル	km^2	1 km^2＝1000000 m^2		秒	s	
	平方メートル	m^2	1 m^2＝10000 cm^2	速さ	キロメートル毎時	km/h	
	平方センチメートル	cm^2	1 cm^2＝0.0001 m^2		キロメートル毎秒	km/s	1 km/s＝1000 m/s
	平方ミリメートル	mm^2	1 mm^2＝0.000001 m^2		メートル毎秒	m/s	1 m/s＝3600 m/h
体積	立方メートル	m^3	1 m^3＝1000000 cm^3	振動数	ヘルツ	Hz	振動数は，1 秒間に振動する回数
	リットル	L	1 L＝1000 mL＝1000 cm^3				
質量	キログラム	kg	1 kg＝1000 g				
	グラム	g	1 g＝1000 mg				
	ミリグラム	mg	1 mg＝0.001 g				
密度	グラム毎立方センチメートル	g/cm^3					

倍数を表すおもな記号

単位には倍数を表す記号をつける場合があり，例えば「k（キロ）」は 1000 倍を意味します。

倍数	名称	記号	倍数	名称	記号	倍数	名称	記号
1 兆倍	テラ	T	100 倍	ヘクト	h	1000 分の 1	ミリ	m
10 億倍	ギガ	G	10 倍	デカ	da	100 万分の 1	マイクロ	μ
100 万倍	メガ	M	10 分の 1	デシ	d	10 億分の 1	ナノ	n
1000 倍	キロ	k	100 分の 1	センチ	c	1 兆分の 1	ピコ	p

地理・歴史の超キホン事項

超重要な項目をコンパクトにまとめました。目立つところに入れたり貼ったりして，いつでも確認できるようにしましょう。

コレだけ！世界の地名　位置も押さえておこう！

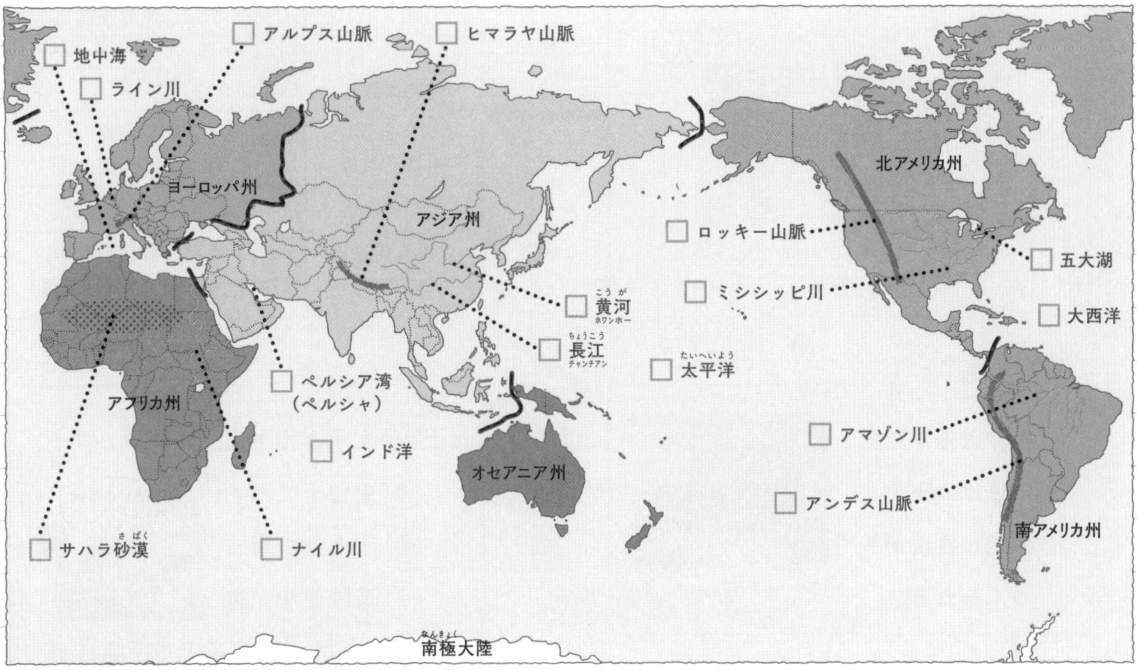

コレだけ！世界の諸地域　超重要項目！

アジア州
- □ 中国：人口14億超。経済特区を設置。
- □ 東南アジアの国々はASEANを結成。
- □ 西アジアのペルシア湾沿岸で原油産出。

ヨーロッパ州
- □ EU：共通通貨ユーロ，関税を撤廃。
- □ 農業：混合農業や地中海式農業。

アフリカ州
- □ 農業：ギニア湾岸でカカオ栽培。
- □ 鉱業：レアメタルが豊富に産出。

北アメリカ州
- □ アメリカは適地適作で企業的な農業。
- □ アメリカの工業の中心はサンベルト。
  シリコンバレーで先端技術産業が発達。

オセアニア州
- □ オーストラリアで石炭，鉄鉱石産出。

南アメリカ州
- □ ブラジルで鉄鉱石の露天掘り。

各時代の超重要事項

各時代の本当に大切なところだけ押さえよう。

古代文明

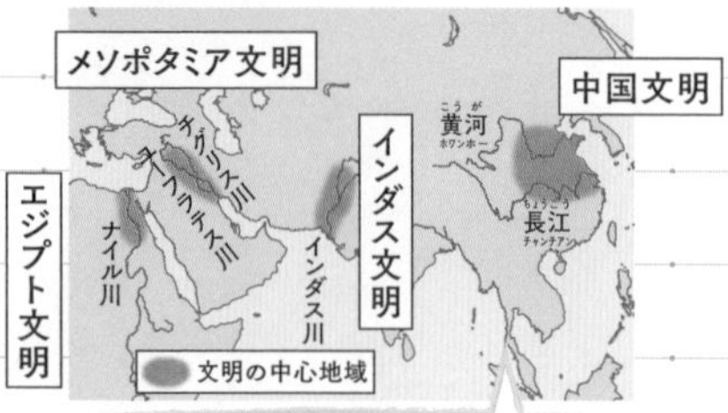

大きな河川の流域かつ温暖な地域でおこったよ。

縄文時代～弥生時代

□縄文時代		□弥生時代
狩り・漁・採集，植物の栽培	生活	稲作が広まる
縄文土器，土偶，貝塚	土器など	弥生土器，青銅器（銅鐸など）
たて穴住居	建物	たて穴住居，高床倉庫
三内丸山遺跡（青森県）	主な遺跡	登呂遺跡（静岡県），吉野ヶ里遺跡（佐賀県）

古墳時代

□大和政権が発展

：王は大王

□各地に古墳がつくられる

前方後円墳。

飛鳥時代

□聖徳太子が推古天皇の摂政となる

→冠位十二階

→十七条の憲法

→遣隋使を派遣

冠の色で地位がわかるようにしたぞ

□645年，中大兄皇子と中臣鎌足が大化の改新を始める→公地・公民

奈良時代

□710年，平城京に都を移す

□聖武天皇：東大寺に大仏造立

□班田収授法：口分田を与え，死ぬと国に返させる

□人々は租・調・庸などを負担

（租：稲。調：特産物。庸：布。）

□墾田永年私財法：私有地が拡大

平安時代

□794年，桓武天皇が平安京に都を移す

□藤原氏による摂関政治

□国風文化：仮名文字が普及

□武士の平清盛が政権をにぎる

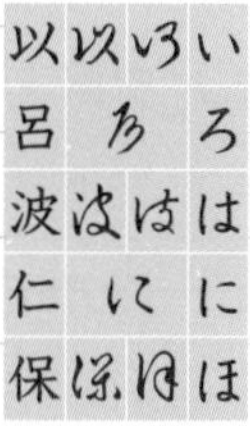

▲仮名文字

鎌倉時代

□源頼朝が鎌倉幕府を開く

□北条氏による執権政治

□御成敗式目（貞永式目）：最初の武士の法律

□元寇：元軍が九州北部に襲来

室町時代

□足利尊氏が室町幕府を開く

□足利義満が南北朝を統一

□応仁の乱→下剋上の風潮が広まる

→戦国大名の登場

テストによく出る四字熟語・故事成語

超重要な項目をコンパクトにまとめました。目立つところに入れたり貼ったりして、いつでも確認できるようにしましょう。

四字熟語

漢字や読みを間違えやすいものが多いので注意しましょう。

□ 暗中模索	手がかりがないままに、いろいろとやってみること。
□ 異口同音	多くの人が、口をそろえて同じことを言うこと。
□ 以心伝心	言葉にしなくても、相手に気持ちや考えが伝わること。
□ 一喜一憂	状況が変わるたびに、喜んだり不安になったりして、落ち着かないこと。
□ 一進一退	状態や情勢が、良くなったり悪くなったりすること。
□ 一朝一夕	わずかな時間。
□ 我田引水	自分の利益になるように、言ったり、したりすること。
□ 危機一髪	髪の毛一本ほどのわずかな差で危機が迫っている、切羽詰まった状態のこと。
□ 喜怒哀楽	喜び・怒り・悲しみ・楽しみ。いろいろな感情。
□ 空前絶後	今までになく、これからもないと思われるほど、非常に珍しいこと。
□ 厚顔無恥	厚かましくて、恥知らずな様子。
□ 公明正大	公正で良心に恥じるところがなく、堂々としている様子。
□ 五里霧中	物事の事情が全くわからず、どうしたらよいかわからなくなること。
□ 自画自賛	自分で自分のことをほめること。
□ 十人十色	人によって考え方や好みなどがさまざまなこと。
□ 絶体絶命	追い詰められて、どうすることもできない状態。
□ 千差万別	さまざまな種類があり、それぞれ違っていること。
□ 前代未聞	今までに聞いたこともないような珍しいこと。
□ 大器晩成	大人物は、ゆっくりと時間をかけて才能が表れ、大成していくということ。
□ 大同小異	少しの違いはあるが、だいたいは同じであること。
□ 単刀直入	前置きもなく、いきなり話題の中心に入ること。
□ 日進月歩	絶え間なく進歩すること。
□ 半信半疑	半ば信じ、半ば疑うこと。
□ 臨機応変	その場その時に臨んで、物事を適切に処理すること。

故事成語

中国の昔の出来事や古典の中から生まれた言葉

- □ 温故知新（おんこちしん）　昔の物事を調べ、そこから新しい知識や考えを引き出すこと。
- □ 臥薪嘗胆（がしんしょうたん）　ある目的を達成するために、大変な努力や苦労をすること。
- □ 画竜点睛を欠く（がりょうてんせいをかく）　物事を完成させるために最後に加える大切な仕上げが足りない。
- □ 杞憂（きゆう）　よけいな心配をすること。取り越し苦労。
- □ 玉石混交（ぎょくせきこんこう）　優れたものと劣ったものとが入りまじっていること。
- □ 鶏口となるも牛後となるなかれ（けいこうとなるもぎゅうごとなるなかれ）　大きな組織で人の後ろにつくよりも、小さな組織でもその長となる方がよい。
- □ 蛍雪の功（けいせつのこう）　苦労して学問に励み、成功すること。
- □ 呉越同舟（ごえつどうしゅう）　仲の悪い者同士が同席すること。
- □ 虎穴に入らずんば虎子を得ず（こけつにいらずんばこじをえず）　危険を冒さなければ、大きな利益や功績は得られないこと。
- □ 五十歩百歩（ごじっぽひゃっぽ）　違うように見えても、実際はほとんど変わりがないこと。

- □ 塞翁が馬（さいおうがうま）　人間の幸・不幸は予測できないものだということ。
- □ 四面楚歌（しめんそか）　自分の周りがみな敵で、助けもなく孤立すること。
- □ 推敲（すいこう）　詩や文章の表現を、何度も練り直すこと。
- □ 他山の石（たざんのいし）　自分より劣った人の言動やつまらないことでも、自分の向上の役に立つこと。
- □ 蛇足（だそく）　よけいなもの。あっても役に立たないもの。
- □ 断腸の思い（だんちょうのおもい）　はらわたがちぎれるほどの痛切な思い。深い悲しみ。
- □ 朝三暮四（ちょうさんぼし）　目先の違いに気をとられ、結果が同じことに気がつかないこと。
- □ 虎の威を借る狐（とらのいをかるきつね）　強い者の力や勢いを頼っていばる人のこと。
- □ 背水の陣（はいすいのじん）　後に引けない状況下で、全力を尽くすこと。
- □ 傍若無人（ぼうじゃくぶじん）　他人にかまわず、勝手気ままに振る舞うこと。
- □ 矛盾（むじゅん）　二つの事柄のつじつまが合わないこと。

THE
LOOSE-LEAF
STUDY GUIDE
1
FOR JHS STUDENTS

中1
英語
ENGLISH

THE LOOSE-LEAF STUDY GUIDE
GAKKEN
-PLUS-

A LOOSE-LEAF COLLECTION
FOR A COMPLETE REVIEW OF ALL 5 SUBJECTS
GAKKEN PLUS

学習内容

学習項目	学習日	テスト日程
1　小学校英語の復習		
2　I am ～. / You are ～.		
3　This[That] is ～. / He[She] is ～.		
4　I play ～. など（一般動詞）		
5　She plays ～. など（一般動詞の 3 単現）		
6　名詞の複数形 / 代名詞		
7　命令文 / Don't ～. / Let's ～.		
8　What ～? など（疑問詞）		
9　現在進行形		
10　can		
11　過去形		
12　be 動詞の過去形 / 過去進行形		
13　will / be going to ～		

TO DO LIST

やることをリストにしよう！ 重要度を☆で示し，できたら□に印をつけよう。

□☆☆☆	□☆☆☆
□☆☆☆	□☆☆☆
□☆☆☆	□☆☆☆
□☆☆☆	□☆☆☆

EME 小学校英語の復習

まだまだ　もう少し　ばっちり

自己紹介をする

□ 自分の名前を言うときは，I'm を使う。

例 I'm Yamada Rie.　（私は山田理恵です。）

□ 好きなものを言うときは，I like を使う。

例 I like soccer.　（私はサッカーが好きです。）

□ できることを言うときは，I can を使う。

例 I can run fast.　（私は速く走ることができます。）

can のあとに動詞がくる。

□ スポーツ・色・果物を表す単語

スポーツを表す単語

サッカー	01	バスケットボール	02
野球	03	水泳	04
バレーボール	05	テニス	06

色を表す単語

赤	07	緑	08
青	09	オレンジ色	10
黄色	11	白	12

果物を表す単語

りんご	13	ぶどう	14
いちご	15	桃	16
バナナ	17	スイカ	18

教科書 CHECK　上の単語を参考にして，「私は～が好きです」という文を書こう！

THEME 小学校英語の復

「いつでもチェック！」の月と～番目の単語を参考にしよう。

「いつ」「どこ」とたずねる

□「いつ」とたずねるときは，When を使う。

いつ When is your birthday? （あなたの誕生日はいつですか。）
「いつ」とたずねることばで始める。

－ My birthday is April 11. （私の誕生日は4月11日です。）

教科書CHECK 自分の誕生日について，「私の誕生日は～です」という文を書こう。

□「どこ」とたずねるときは，Where を使う。

どこ Where is the library? （図書館はどこですか。）
「どこ」とたずねることばで始める。

－ Go straight. Turn right at the first corner.（まっすぐ行って，最初の角を右に曲がります。）

したいことを言う

□したいことを言うときは，want to を使う。

行きたい Where do you want to go?（あなたはどこに行きたいですか。）

－ I want to go to Italy. （私はイタリアに行きたいです。）
want toのあとに動詞がくる。

なりたい What do you want to be? （あなたは何になりたいですか。）

－ I want to be a doctor. （私は医者になりたいです。）

□職業を表す単語

先生	19	医者	20
歌手	21	宇宙飛行士	22
獣医	23	画家	24
農家	25	料理人	26

教科書CHECK 上の単語を参考にして，「私は～になりたい」という文を書こう。

THEME

I am ~. / You are ~.

まだまだ　もう少し　ばっちり

I am ~. / You are ~.

□「私は～です」は I am ~. で，「あなたは～です」は You are ~. で表す。

「私は～です」 I am Daiki. （私はダイキです。）

「あなたは～です」 You are Mika. （あなたはミカです。）

□ 〈主語 + be 動詞〉の短縮形

I am	01
You are	02

am，are は，主語の I や You とあとの語をイコール（=）の関係で結んでいる。
この am や are を「be 動詞」という。

教科書 CHECK　教科書に出ている，I am ~. の文を書こう！

____ページ

I am ~. / You are ~. の否定文

□「私は[あなたは]～ではありません」(否定文)は，am や are のあとに not を入れる。

ふつうの文　I am from Canada. （私はカナダ出身です。）

否定文　I am not from Canada. （私はカナダ出身ではありません。）

be動詞のあとにnot

am not の短縮形はなく，I am not は I'm not になる。

□ 短縮形

I am not	03	You are not	04
			05

単語 CHECK　新出単語をまとめよう！

◆単語◆	◇意味◇	◆単語◆	◇意味◇
□		□	
□		□	
□		□	
□		□	

You are ~.の疑問文

□「あなたは～ですか」(疑問文)は，Are you ～? でたずねる。

ふつうの文 You are from Canada. （あなたはカナダ出身です。）

疑問文 Are you from Canada? （あなたはカナダ出身ですか。）

be動詞で文を始める

be動詞を使って答える。

－ Yes, I am. （はい，そうです。）

－ No, I'm not. （いいえ，ちがいます。）

答えの文の Yes, I am. は，× Yes, *I'm.* のように短縮することはできないことに注意。

教科書CHECK 教科書に出ている，Are you ～? とその答えの文を書こう！

____ページ

We（私たち）や They（彼ら）などの複数のときも，be動詞は are を使う。
We are good friends.
（私たちはよい友達です。）

□ be動詞の使い分け

be動詞を入れよう！

主語	be動詞
I	06
You / We / They	07

単語CHECK 新出単語をまとめよう！

◆単語◆	◇意味◇	◆単語◆	◇意味◇
□		□	
□		□	
□		□	

THEME This[That] is ～. / He[She] is ～.

まだまだ　もう少し　ばっちり

This is ～. / That is ～.の文

□「これは～です」は This is ～. で，「あれは～です」は That is ～. で表す。

「これは～です」 This is my bag. （これは私のかばんです。）

「あれは～です」 That is your bag. （あれはあなたのかばんです。）

└ 短縮形は That's

⚠ This isは短縮しない。

近くのものにはthis,
離れているものにはthatを使う。

教科書CHECK　教科書に出ている，This is ～. または That is ～. の文を書こう！

＿＿ページ

This is ～. / That is ～.の否定文・疑問文

□「これは[あれは]～ではありません」(否定文)は，is のあとに not。

□「これは[あれは]～ですか」(疑問文)は，Is this[that] ～? でたずねる。

否定文 This is not your eraser. （これはあなたの消しゴムではありません。）

疑問文 Is this your eraser? （これはあなたの消しゴムですか。）

└ be動詞で文を始める

be動詞を使って答える。

― Yes, it is. （はい，そうです。）

― No, it isn't. （いいえ，ちがいます。）

⚠ this や that は，答えの文では it になる。

└ is notの短縮形。No, it's not.という答え方もある

教科書CHECK　教科書に出ている，This is ～. の否定文，または疑問文を書こう！

＿＿ページ

単語CHECK　新出単語をまとめよう！

◆単語◆	◇意味◇	◆単語◆	◇意味◇
□		□	
□		□	
□		□	

THEME This[That] is ～. / He[She] is ～

He is ～. / She is ～.

□「彼は～です」は He is ～. で，「彼女は～です」は She is ～. で表す。

「彼は～です」 He is a baseball player. （彼は野球選手です。）

「彼女は～です」 She is from Canada. （彼女はカナダ出身です。）

男性には he，女性には she を使う。

教科書 CHECK 教科書に出ている，He is ～. または She is ～. の文を書こう！

____ページ

He is ～. / She is ～.の否定文・疑問文

□「彼は[彼女は]～ではありません」(否定文)は，is のあとに not。

□「彼は[彼女は]～ですか」(疑問文)は，Is he[she] ～? でたずねる。

否定文 He is not Ken. （彼はケンではありません。）

疑問文 Is he Mike? （彼はマイクですか。）

― Yes, he is. / No, he isn't. （はい，そうです。／いいえ，ちがいます。）

教科書 CHECK 教科書に出ている，He is ～. または She is ～. の否定文を書こう！

____ページ

□ be 動詞の使い分け （be 動詞を入れよう！）

主語	be 動詞
I	01
You / We / They	02
He / She / This / It	03

□ いろいろな短縮形 （短縮形を入れよう！）

That is	04	is not	07
He is	05	are not	08
She is	06		

単語 CHECK 新出単語をまとめよう！

◆単語◆	◇意味◇	◆単語◆	◇意味◇
□		□	
□		□	
□		□	

EME I play ～. など（一般動詞）

まだまだ もう少し ばっちり

一般動詞とは

□一般動詞とは，walk（歩く），have（持っている）など，be 動詞（am / are / is）以外のすべての動詞のこと。動詞は主語のすぐあとにくる。

日本語 [私は] [サッカーを] [します]。

日本語との語順の違いに注意！

英語 [I] [play] [soccer].

主語　動詞　目的語（「～を」「～に」を表すことば）

教科書 CHECK 教科書に出ている，一般動詞の文を書こう！

____ページ

□ いろいろな一般動詞

歩く	01	走る	02	来る	03
使う	04	話す	05	読む	06
書く	07	勉強する	08	持っている	09

be動詞と一般動詞

□be 動詞

I am Ann.（私はアンです。）

I = Ann

イコールの関係

□一般動詞

I like cats.（私はねこが好きです。）

I → cats

何かをする関係

単語 CHECK 新出単語をまとめよう！

◆単語◆	◇意味◇	◆単語◆	◇意味◇
□		□	
□		□	
□		□	

THEME I play ～. など（一般動詞

一般動詞の否定文

□「～しません」と言うときは，動詞の前に don't[do not] を入れる。

ふつうの文　I like math.　（私は数学が好きです。）

↓

否定文　I don't like math.　（私は数学が好きではありません。）

└ I'm not ～. ではなく，I don't ～. になることに注意！

主語が You のときも，We（私たち）や They（彼ら）などの複数のときも，don't で OK だよ。
You don't like cats.　（あなたはねこが好きではありません。）
They don't use this room.　（彼らはこの部屋を使いません。）

教科書 CHECK　教科書に出ている，一般動詞の否定文を書こう！

____ページ

一般動詞の疑問文

□「あなたは～しますか」のようにたずねるときは，Do で文を始めて，Do you ～? の形。

ふつうの文　You play tennis.　（あなたはテニスをします。）

Doで文を始める！ ↓　⚠ Are you play ～? としないこと！

疑問文　Do you play tennis?　（あなたはテニスをしますか。）

do または don't を使って答える！
－ Yes, I do.　（はい，します。）
－ No, I don't.　（いいえ，しません。）

教科書 CHECK　教科書に出ている，一般動詞の疑問文を書こう！

____ページ

単語 CHECK　新出単語をまとめよう！

◆単語◆	◇意味◇	◆単語◆	◇意味◇
□		□	
□		□	
□		□	

THEME She plays ~. など（一般動詞の3単現）

まだまだ　もう少し　ばっちり

1人称・2人称・3人称

□ 人称とは，話している人(自分)，聞いている人(相手)，それ以外を表すことば。

1人称(自分)

2人称(相手)

3人称(「自分」と「相手」以外)

3人称のうち，he(彼)，she(彼女)，Ken(ケン) などの単数(1人の人や1つのもの) を「3人称単数」という。

主語が3人称単数のとき

□ 主語が3人称単数のときは，一般動詞の最後にsをつける。主語が3人称でも，they(彼ら) や Ken and his father(ケンと彼の父)のような複数のときは，動詞の形はそのまま。

主語が1人称　I play the piano.（私はピアノを弾きます。）

動詞にsがついた形に！

主語が3人称単数　She plays the piano.（彼女はピアノを弾きます。）

教科書CHECK　教科書に出ている，主語が3人称単数で，一般動詞の最後にsがついた文を書こう！

＿＿ページ

□ 3人称単数現在の動詞のsのつけ方

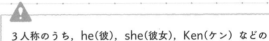

動詞によってsのつけ方が違うから気をつけよう！

ふつう	sをつける	speak（話す）	01
o, s, ch, sh で終わる語	esをつける	go（行く）	02
		teach（教える）	03
yで終わる語*	yをiにかえてesをつける	study（勉強する）	04

例外　have（持っている）　05

*yの前がa, i, u, e, oの動詞（playなど）は，yのあとにそのままsをつけます。

単語CHECK　新出単語をまとめよう！

◆単語◆	◇意味◇	◆単語◆	◇意味◇
□		□	
□		□	
□		□	

THEME **She plays ～. など（一般動詞の3単現）**

主語が3人称単数の一般動詞の否定文

□動詞の前に doesn't[does not]を入れる。あとの動詞は原形（s がつかないもとの形）。

ふつうの文　He plays tennis.　（彼はテニスをします。）

↓

否定文　He doesn't play tennis.　（彼はテニスをしません。）

does notの短縮形（doesn't）　動詞にはsをつけない！（play）

教科書CHECK　教科書に出ている，主語が3人称単数の一般動詞の否定文を書こう！

____ページ

主語が3人称単数の一般動詞の疑問文

□Does で文を始める。あとの動詞は原形。

ふつうの文　Kate likes cats.　（ケイトはねこが好きです。）

↓

疑問文　Does Kate like cats?　（ケイトはねこが好きですか。）

動詞にはsをつけない！（like）

does または doesn't を使って答える！

― Yes, she does.　（はい，好きです。）

― No, she doesn't.　（いいえ，好きではありません。）

教科書CHECK　教科書に出ている，主語が3人称単数の一般動詞の疑問文とその答えの文を書こう！

____ページ

単語CHECK　新出単語をまとめよう！

◆単語◆	◇意味◇	◆単語◆	◇意味◇
□		□	
□		□	
□		□	

THEME 名詞の複数形 / 代名詞

まだまだ　もう少し　ばっちり

数えられる名詞と数えられない名詞

□ 名詞(ものや人を表すことば)には，数えられる名詞と数えられない名詞がある。

□ 数えられる名詞

a book（１冊の本）

a dog（１匹の犬）

a girl（１人の女の子）

an apple（１個のりんご）

□ 数えられない名詞

water（水）

English（英語）

Japan（日本）

液体，言語，地名，人名など。

複数形

□ 数えられる名詞が２つ（２人）以上のときは複数形にする。複数形は，名詞の最後に s をつけてつくる。数えられない名詞は複数形にしない。

単数　I have a pencil.　（私はえんぴつを〈１本〉持っています。）

s がついた形に！

複数　I have three pencil<u>s</u>.　（私はえんぴつを３本持っています。）

□ 複数形の s のつけ方　名詞によって s のつけ方が違う

ふつう	s をつける	car（車）	01
s, x, ch, sh で終わる語	es をつける	bus（バス）	02
y で終わる語*	y を i にかえて es をつける	city（都市）	03
不規則に変化する語		child（子ども）	04
		man（男の人）	05

*y の前が a，i，u，e，o の名詞（boy，day など）は，y のあとにそのまま s をつけます。

□ 複数を表す語句

いくつかの	some
(否定文・疑問文で→)	any
多数の，たくさんの	many
	a lot of
2，3の	a few

単語 CHECK　新出単語をまとめよう！

◆単語◆	◇意味◇	◆単語◆	◇意味◇
□		□	
□		□	
□		□	

THEME 名詞の複数形 / 代名詞

代名詞の働き

□ 代名詞とは，he(彼は)，she(彼女は)，it(それは)など，名詞の代わりに使われることばのこと。文の中での働きによって，I，my，me のように形が変わる。

~は(主格) I am Lisa Smith.　(私はリサ・スミスです。)

~の(所有格) This is my bike.　(これは私の自転車です。)

~を(目的格) He knows me.　(彼は私を知っています。)

教科書 CHECK　教科書に出ている，him や her などの代名詞を使った文を書こう！

____ページ

mine（私のもの）のように，1語で「~のもの」という所有を表す代名詞を「所有代名詞」という。
Whose ~？（だれの~ですか）とたずねる文の答えでよく使う。
Whose book is this? – It's mine.（これはだれの本ですか。– 私のものです。）

□ 代名詞の変化

		~は	~の	~を，~に	~のもの
単数	私	I	06	07	08
	あなた	you	09	10	11
	彼	he	12	13	14
	彼女	she	15	16	17
	それ	it	18	19	—
複数	私たち	we	20	21	22
	あなたたち	you	23	24	25
	彼ら，彼女ら，それら	they	26	27	28

具体的な名前のときは，
Ken (ケンは)
Ken's (ケンの)
Ken (ケンを［に］)
Ken's(ケンのもの)
のようにする。

単語 CHECK　新出単語をまとめよう！

◆単語◆	◇意味◇	◆単語◆	◇意味◇
□		□	
□		□	
□		□	

EME 命令文 / Don't ～. / Let's ～.

まだまだ　もう少し　ばっちり

一般動詞の命令文

□命令文とは，「～してください」や「～しなさい」と言うときの文。動詞の原形（変化しないもとの形）で文を始める。

ふつうの文　You use this dictionary.　（あなたはこの辞書を使います。）

主語は省略！　↓　↓　動詞の原形で文を始める！

命令文　Use this dictionary.　（この辞書を使いなさい。）

教科書CHECK　教科書に出ている，一般動詞の命令文を書こう！

____ページ

be動詞の命令文

□be 動詞（am / are / is）の命令文は，Be で文を始める。

ふつうの文　You are kind to everyone.　（あなたはみんなに親切です。）

主語は省略！　↓　↓　Beで文を始める！

be は，am/are/is の原形。

命令文　Be kind to everyone.　（みんなに親切にしなさい。）

教科書CHECK　教科書に出ている，be 動詞の命令文を書こう！

____ページ

please がつくと，「～してください」のように調子がやわらぐ。
Please listen to me.　（私の言うことを聞いてください。）
Listen to me, please.
↑文の最後にくるときは，pleaseの前にコンマ(,)をつける。

単語CHECK　新出単語をまとめよう！

◆単語◆	◇意味◇	◆単語◆	◇意味◇
□		□	
□		□	
□		□	

THEME 命令文 / Don't ～. / Let's ～

Don't ～.の文

□「～してはいけません」のように禁止するときは，Don't で文を始める。

ふつうの命令文　Open the door.（ドアを開けなさい。）

動詞の前にDon'tを入れる！

Don't ～.の文　Don't open the door.（ドアを開けてはいけません。）

be 動詞の否定の命令文も，Don't で文を始める。
Don't be late for school.（学校に遅れてはいけません。）

教科書CHECK　教科書に出ている，Don't ～.の文を書こう！

____ページ

Let's ～.の文

□「～しましょう」のように誘うときは，Let's で文を始める。

ふつうの命令文　Play soccer here.（ここでサッカーをしなさい。）

動詞の前に Let'sを入れる！

Let's ～.の文　Let's play soccer here.（ここでサッカーをしましょう。）

教科書CHECK　教科書に出ている，Let's ～.の文を書こう！

____ページ

□ Let's ～. への応じ方

「わかりました。」	01 All ____. / OK.
「いい考えですね。」	02 Good ____.

単語CHECK　新出単語をまとめよう！

◆単語◆	◇意味◇	◆単語◆	◇意味◇
□		□	
□		□	
□		□	

EME What 〜? など（疑問詞）

まだまだ　もう少し　ばっちり

疑問詞とは

□疑問詞とは，「何」「だれ」「いつ」「どこ」など，具体的な内容をたずねることば。

□ いろいろな疑問詞

何	01	だれ	02
いつ	03	どこ	04
どのように	05	だれの	06
どれ，どの	07		

Where is my bike?
私の自転車はどこ?
Which is yours?
あなたのはどれですか?

What 〜?

□「何」とたずねるときはWhatで文を始める。あとは疑問文の語順を続ける。

例 What is that?　（あれは何ですか。）

疑問文の語順

― It's a library.　（それは図書館です。）

What の疑問文には，Yes / Noでは答えない。

例 What do you do after school?　（あなたは放課後，何をしますか。）

― I play basketball.　（私はバスケットボールをします。）

教科書CHECK　教科書に出ている，Whatの疑問文を書こう！

____ページ

□what や whose，which のあとに名詞がくることもある。

例 What subject does Jim like? ― He likes science.

（ジムは何の教科が好きですか。―彼は理科が好きです。）

例 Whose notebook is this? ― It's mine.

（これはだれのノートですか。―それは私のです。）

単語CHECK　新出単語をまとめよう！

◆単語◆	◇意味◇	◆単語◆	◇意味◇
□		□	
□		□	
□		□	

THEME What ～? など（疑問詞

How ～?

□「様子」や「手段・方法」をたずねるときはHow(どのように)で文を始める。「数」をたずねるときはHow manyを使う。あとには疑問文の語順を続ける。

様子 How is your grandmother?　（あなたのおばあさんはお元気ですか。）
— She's fine, thank you.　（元気です，ありがとう。）

手段・方法 How do you come to school?　（あなたはどのようにして学校に来ますか。）
— I walk.　（私は歩いて来ます。）

数 How many eggs do you want?　（あなたは卵をいくつほしいのですか。）
— I want five (eggs).　（5つほしいです。）

教科書CHECK　教科書に出ている，How many ～? の疑問文を書こう！

____ページ

□ いろいろなHow ～?

いくつ（数）	08 How	いくら（量・値段）	09 How
何歳（年齢）	10 How	どれくらい長い（長さ・期間）	11 How

When ～? / Where ～?

□「いつ」はWhen,「どこ」はWhereで文を始める。あとには疑問文の語順を続ける。

例 When is your birthday?　（あなたの誕生日はいつですか。）
— It's November 3.　（11月3日です。）

例 Where does she live?　（彼女はどこに住んでいますか。）
— She lives in this town.　（彼女はこの町に住んでいます。）

単語CHECK　新出単語をまとめよう！

◆単語◆	◇意味◇	◆単語◆	◇意味◇
□		□	
□		□	
□		□	

THEME 現在進行形

まだまだ　もう少し　ばっちり

現在形と現在進行形

□現在進行形は，「(今)～しているところです」という，今まさに進行中の動作を表す。

現在形 ➡ ふだんすること，習慣

I listen to music every day.

(私は毎日音楽を聞きます。)

現在進行形 ➡ ある動作をしている最中

I am listening to music.

(私は〈今〉音楽を聞いています。)

現在進行形の文

□be 動詞(am / are / is)のあとに動詞の ing 形(動詞に ing をつけた形)を続ける。

現在形　I watch TV with my sister.　(私は姉[妹]とテレビを見ます。)

現在進行形　I am watching TV with my sister.　(私は姉[妹]とテレビを見ています。)

am：be動詞　watching：動詞のing形

教科書CHECK　教科書に出ている，現在進行形の文を書こう！

____ページ

□現在進行形の形　適するbe動詞を入れよう！

主語	be 動詞	動詞の ing 形
I	01	
You / We / They など	02	doing など～
He / She / It など	03	

状態を表す動詞は進行形にしない！
know（知っている），like（好きである），want（ほしい），live（住んでいる）など

□動詞の ing 形　動詞の ing 形を書こう！

動詞	ing 形
read（読む）	04
study（勉強する）	05
write（書く）	06
run（走る）	07
swim（泳ぐ）	08

単語CHECK　新出単語をまとめよう！

◆単語◆	◇意味◇	◆単語◆	◇意味◇
□		□	
□		□	
□		□	

現在進行形の否定文・疑問文

□「(今)～していません」(否定文)は，be 動詞のあとに not を入れる。

□「(今)～していますか」(疑問文)は，be 動詞で文を始める。

否定文 He is not running in the park. （彼は公園で走っていません。）

be動詞のあとにnot!

Does he ～? の形にしないように注意！

be動詞で文を始める！

疑問文 Is he running in the park? （彼は公園で走っていますか。）

be動詞を使って答える！

― Yes, he is.（はい，走っています。）/ No, he isn't.（いいえ，走っていません。）

教科書 CHECK 教科書に出ている，現在進行形の疑問文とその答えの文を書こう！

____ページ

What are you doing? の文など

□「(今)何をしていますか」は What で文を始め，あとに現在進行形の疑問文を続ける。

例 What are you doing? （あなたは何をしていますか。）

― I'm writing an e-mail. （私はメールを書いています。）

現在進行形を使って，今していることを答える！

「(今)何を作っているのですか」は making を使ってたずねる。
What are you making? （あなたは何を作っていますか。）
― I'm making sandwiches. （私はサンドイッチを作っています。）

単語 CHECK 新出単語をまとめよう！

◆単語◆	◇意味◇	◆単語◆	◇意味◇
□		□	
□		□	
□		□	

THEME can

まだまだ　もう少し　ばっちり

canのはたらき

□一般動詞の文 → ふだんしていること　　□can の文 → 動詞に「できる」という意味を加える

She runs fast.（彼女は速く走ります。）

She can run fast.（彼女は速く走ることができます。）

canの文

□「～することができる」は，動詞の前に can を入れる。あとの動詞は原形を使う。

一般動詞　He swims well.（彼はじょうずに泳ぎます。）

↓ ↓

can　He can swim well.（彼はじょうずに泳ぐことができます。）

⚠ 主語が何であっても，can の形は変わらない。あとの動詞はいつも原形！

教科書CHECK　教科書に出ている，can の文を書こう！

＿＿ページ

canの否定文

□「～できません」(否定文)は，動詞の前に can't を入れる。あとの動詞は原形を使う。

ふつうの文　He can swim well.（彼はじょうずに泳ぐことができます。）

↓ can を can't に！

否定文　He can't swim well.（彼はじょうずに泳ぐことができません。）

can'tはcannotの短縮形。短縮形でない形はcannotと続けて書くことに注意！

単語CHECK　新出単語をまとめよう！

◆単語◆	◇意味◇	◆単語◆	◇意味◇
□		□	
□		□	
□		□	

canの疑問文

□「～できますか」(疑問文)は，Can で文を始める。あとの動詞は原形を使う。

ふつうの文　You can play the guitar.　(あなたはギターを弾くことができます。)

疑問文　Can you play the guitar?　(あなたはギターを弾けますか。)

can，can'tを使って答える!　– Yes, I can. / No, I can't.　(はい，弾けます。/ いいえ，弾けません。)

教科書CHECK　教科書に出ている，can の疑問文を書こう!

____ページ

依頼するCan you ～?

□「～してくれますか」のように相手に依頼するときは，Can you ～? で表す。

例　Can you help me?　(手伝ってくれますか。)

引き受けるとき　Sure. / OK. / All right.　(いいですよ。)

Yes, of course.　(はい，もちろんです。)

断るとき　Sorry, I can't.　I'm busy.　(ごめんなさい，できません。今，忙しいのです。)

許可を求めるCan I ～?

□「～してもいいですか」のように相手の許可を求めるときは，Can I ～? で表す。

例　Can I use this pen?　(このペンを使ってもいいですか。)

許可するとき　Sure. / OK. / All right.　(いいですよ。)

Go ahead.　(どうぞ。)

断るとき　Sorry.　I'm using it.　(ごめんなさい。今，使っています。)

単語CHECK　新出単語をまとめよう!

◆単語◆	◇意味◇	◆単語◆	◇意味◇
□		□	
□		□	
□		□	

THEME 過去形

まだまだ　もう少し　ばっちり

動詞の現在形と過去形

□「～しました」のように，過去のことを表すときは，動詞を過去形にする。

現在形 ➔ 現在，ふだんしていること

I walk to school.

（歩いて学校に行きます。）

過去形 ➔ 過去にした動作，すでに終わったこと

I walked to school yesterday.

（昨日，歩いて学校に行きました。）

一般動詞の過去形

□多くの動詞（規則動詞）は，原形（変化しないもとの形）に ed をつける。ed をつけず，不規則に変化して過去形になる動詞（不規則動詞）もある。 p.8 を見よう！

現在の文　I play　soccer every day.　（私は毎日サッカーをします。）

↓ 動詞を過去形に！

過去の文　I played soccer yesterday.　（私は昨日サッカーをしました。）

教科書 CHECK　教科書に出ている，過去形の文を書こう！

____ページ

□ 規則動詞の過去形		□ 不規則動詞の過去形	
help（手伝う）	01	go（行く）	04
live（住んでいる）	02	come（来る）	05
study（勉強する）	03	have（持っている）	06

□ 過去を表す語句

- yesterday（昨日）　yesterday morning（昨日の朝）
- last ～（この前の～）　last night（昨夜）
- ～ ago（～前に）　a week ago（1週間前に）

「昨夜」は yesterday night ではなく，last night だよ。

単語 CHECK　新出単語をまとめよう！

◆単語◆	◇意味◇	◆単語◆	◇意味◇
□		□	
□		□	
□		□	

一般動詞の過去の否定文

□「〜しませんでした」(否定文)は,動詞の前に didn't を入れる。あとの動詞は原形を使う。

ふつうの文　He got up at six. (彼は6時に起きました。)

動詞の前にdidn't ↓　↓ 動詞は原形

否定文　He didn't get up at six. (彼は6時に起きませんでした。)

教科書CHECK　教科書に出ている，一般動詞の過去形の否定文を書こう!

____ページ

一般動詞の過去の疑問文

□「〜しましたか」(疑問文)は，Did で文を始める。あとの動詞は原形を使う。

ふつうの文　You watch**ed** TV last night. (あなたは昨夜テレビを見ました。)

Didで文を始める ↓　↓ 動詞は原形!

疑問文　Did you watch TV last night? (あなたは昨夜テレビを見ましたか。)

did, didn'tを使って答える!　— Yes, I did. / No, I didn't. (はい，見ました。/ いいえ，見ませんでした。)

教科書CHECK　教科書に出ている，一般動詞の過去形の疑問文を書こう!

____ページ

疑問詞＋過去の文

□What などの疑問詞で文を始めて，あとに過去の疑問文を続ける。

例　What did you do yesterday? (あなたは昨日，何をしましたか。)

— I played tennis with Mike. (私はマイクとテニスをしました。)

動詞の過去形を使って答える!

単語CHECK　新出単語をまとめよう!

◆単語◆	◇意味◇	◆単語◆	◇意味◇
□		□	
□		□	
□		□	

THEME be動詞の過去形 / 過去進行形

まだまだ　もう少し　ばっちり

be動詞の過去形の使い方

□「〜だった」「〜にいた」ということは、be 動詞の過去形（was か were）で表す。

現在の文　I am busy now.　（私は今、忙しいです。）

過去の文　I was free an hour ago.　（私は 1 時間前はひまでした。）

amの過去形（was の注記）

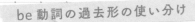

□ be 動詞の過去形の使い分け

主語	現在形	過去形
I	am	01
You / We / They など	are	02
He / She / It など	is	03

教科書 CHECK　教科書に出ている，be 動詞の過去形の文を書こう！

____ページ

否定文・疑問文のつくり方

□否定文は was / were のあとに not を入れる。疑問文は Was / Were で文を始める。

否定文　I was not at home yesterday.　（私は昨日，家にいませんでした。）

was / wereのあとにnot（was not の注記）

疑問文　Were you in Osaka yesterday?　（あなたは昨日，大阪にいましたか。）

Was / Wereで文を始める（Were の注記）

— Yes, I was.　（はい，いました。）

— No, I wasn't.　（いいえ，いませんでした。）

was not の短縮形は wasn't，
were not の短縮形は weren't。

単語 CHECK　新出単語をまとめよう！

◆単語◆	◇意味◇	◆単語◆	◇意味◇
□		□	
□		□	
□		□	

THEME be動詞の過去形 / 過去進行

過去進行形とは

□「(そのとき)～していた」のように，過去のある時点に進行中だった動作を表す。

例 My brother was watching TV then.

(私の兄[弟]はそのとき，テレビを見ていました。)

過去進行形のつくり方

□過去進行形は，be 動詞の過去形(was / were)のあとに動詞の ing 形を続ける。

否定文は was / were のあとに not，疑問文は Was / Were で文を始める。

ふつうの文 He was reading a book then. (彼はそのとき本を読んでいました。)

be動詞の過去形　動詞のing形

否定文 He wasn't reading a book then. (彼はそのとき本を読んでいませんでした。)

was / wereのあとにnot　wasn't は was not の短縮形！

疑問文 Was he reading a book then? (彼はそのとき本を読んでいましたか。)

Was / Wereで文を始める

教科書CHECK 教科書に出ている，過去進行形の文を書こう！

____ページ

□ 過去進行形の形

主語	be 動詞の過去形	動詞の ing 形
I	04	
You / We / They など	05	playing ～. など
He / She / It など	06	

□ いろいろな動詞の ing 形

動詞	ing 形
watch (見る)	07
have (食べる)	08
sit (座る)	09

単語CHECK 新出単語をまとめよう！

◆単語◆	◇意味◇	◆単語◆	◇意味◇
□		□	
□		□	
□		□	

THEME will / be going to 〜

未来を表すwill

□「〜します」「〜でしょう」という未来のことは，〈will ＋動詞の原形〉で表す。

例 I will call you tomorrow. （私は明日，あなたに電話します。）

例 She will help her mother. （彼女は母親を手伝うでしょう。）
└ 動詞の原形

教科書 CHECK ▶ 教科書に出ている，will の文を書こう！

_____ ページ

willの否定文・疑問文

□否定文は will のあとに not を入れる。will not の短縮形は won't。

例 He won't come to school today. （彼は今日，学校に来ないでしょう。）
└ willのあとにnot　　won't は will not の短縮形！

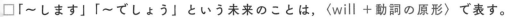

□疑問文は Will で文を始める。答えるときも will を使う。

ふつうの文　　You will be at home this evening. （あなたは今日の夕方，家にいます。）
└ be 動詞の原形は be。

疑問文　Will you be at home this evening? （あなたは今日の夕方，家にいますか。）
Willで文を始める。

　　− Yes, I will. （はい，います。）

　　− No, I won't. （いいえ，いません。）

教科書 CHECK ▶ 教科書に出ている，will の疑問文を書こう！

_____ ページ

単語 CHECK ▶ 新出単語をまとめよう！

◆単語◆	◇意味◇	◆単語◆	◇意味◇
□		□	
□		□	
□		□

THEME **will / be going to**

未来の予定を表すbe going to ～

□すでに決まっている未来の予定は，〈be going to ＋動詞の原形〉で表す。

例 I am going to study at home tomorrow.（私は明日，家で勉強する予定です。）

例 She is going to visit her grandmother.（彼女は祖母を訪問する予定です。）

be動詞は主語によって使い分ける。　動詞の原形

教科書CHECK　教科書に出ている，be going to ～の文を書こう！

____ページ

be going to ～の否定文・疑問文

□否定文は，be 動詞のあとに not を入れる。

例 We aren't going to practice this weekend.（私たちはこの週末に練習する予定ではありません。）

areの後にnot →aren't

□疑問文は，be 動詞で文を始める。答えるときも be 動詞を使う。

ふつうの文　Tom is going to clean his room today.（トムは今日，部屋をそうじする予定です。）

疑問文　Is Tom going to clean his room today?（トムは今日，部屋をそうじする予定ですか。）

be動詞で文を始める。

－ Yes, he is.（はい，その予定です。）

－ No, he isn't.（いいえ，その予定ではありません。）

教科書CHECK　教科書に出ている，be going to ～の疑問文を書こう！

____ページ

単語CHECK　新出単語をまとめよう！

◆単語◆	◇意味◇	◆単語◆	◇意味◇
□		□	
□		□	
□		□	

中1英語の解答

P.19 小学校英語の復習

01 soccer 02 basketball 03 baseball 04 swimming 05 volleyball 06 tennis 07 red
08 green 09 blue 10 orange 11 yellow 12 white 13 apple 14 grapes 15 strawberry
16 peach 17 banana 18 watermelon 19 teacher 20 doctor 21 singer 22 astronaut
23 vet 24 artist 25 farmer 26 cook

［ポイント］01 ～ 26 どれも小学校で音声になじんだ単語。音声を文字と結びつける。

P.21 I am ～. / You are ～.

01 I'm 02 You're 03 I'm not 04 You aren't 05 You're not 06 am 07 are

［ポイント］04, 05 You aren't と You're not は入れかわっていてもよい。

P.24 This[That] is ～. / He[She] is ～.

01 am 02 are 03 is 04 That's 05 He's 06 She's 07 isn't 08 aren't

［ポイント］01 ～ 03 be 動詞の am / are / is は主語によって使い分ける。

P.25 I play ～. など（一般動詞）

01 walk 02 run 03 come 04 use 05 speak / talk 06 read 07 write 08 study 09 have

［ポイント］01, 05 の walk, talk の l や 07 の write の w などの発音しない l や w のつづりに注意。これらはよく使う動詞なので，しっかり覚えておこう。

P.27 She plays ～. など（一般動詞の３単現）

01 speaks 02 goes 03 teaches 04 studies 05 has

［ポイント］02, 03 es をつける語にはほかに，watch（見る）や wash（洗う）などがある。

05 have は例外で has になる。

P.29 名詞の複数形 / 代名詞

01 cars 02 buses 03 cities 04 children 05 men 06 my 07 me 08 mine 09 your 10 you
11 yours 12 his 13 him 14 his 15 her 16 her 17 hers 18 its 19 it 20 our 21 us
22 ours 23 your 24 you 25 yours 26 their 27 them 28 theirs

［ポイント］02 es をつける語にはほかに，box（箱），dish（皿）などがある。

03 y を i にかえて es をつける語にはほかに，country（国），family（家族）などがある。

04, 05 不規則に変化する語はひとつひとつ覚えていこう。

11, 17, 22, 25, 28「～のもの」を表す語は「～の」を表す語のあとに s をつけてつくるものが多い。

中1英語の解答

P.32 命令文 / Don't ～. / Let's ～.

01 right 02 idea

［ポイント］よく会話表現で出てくるので，覚えておこう。

P.33 What ～? など（疑問詞）

01 what 02 who 03 when 04 where 05 how 06 whose 07 which 08 many 09 much 10 old 11 long

［ポイント］08 ～ 11 これらのほかに，「どれくらい高い（背の高さ）」は How tall でたずねる。

P.35 現在進行形

01 am 02 are 03 is 04 reading 05 studying 06 writing 07 running 08 swimming

［ポイント］04 ふつうは動詞の最後に ing をつける。

05 y で終わる語もそのまま ing をつける。

06 write などの e で終わる語は e をとって ing をつける。

07, 08 run や swim は最後の 1 字を重ねて ing をつける。ほかに，cut（切る）→ cutting や get（手に入れる）→ getting などがある。

P.39 過去形

01 helped 02 lived 03 studied 04 went 05 came 06 had

［ポイント］01 ふつうはそのまま動詞の最後に ed をつける。

02 e で終わる語は d だけをつける。

03 study などの y で終わる語は y を i にかえて ed をつける。

04 ～ 06 過去形が不規則に変化する動詞もある。ひとつひとつ覚えていこう。

P.41 be 動詞の過去形 / 過去進行形

01 was 02 were 03 was 04 was 05 were 06 was 07 watching 08 having 09 sitting

［ポイント］01 ～ 06 be 動詞の過去形は主語によって使い分ける。主語が I や 3 人称単数なら was を，You や複数なら were を使う。

THE
LOOSE-LEAF
STUDY GUIDE
1
FOR JHS STUDENTS

中1
数学
MATHEMATICS

A LOOSE-LEAF COLLECTION
FOR A COMPLETE REVIEW OF ALL 5 SUBJECTS
GAKKEN PLUS

THE LOOSE-LEAF STUDY GUIDE GAKKEN PLUS

学習内容

学習項目	学習日	テスト日程
1 正負の数・素数		
2 文字式の表し方		
3 文字式の計算		
4 方程式		
5 関数と比例		
6 反比例		
7 比例・反比例の利用		
8 直線と角		
9 図形の移動		
10 作図		
11 円とおうぎ形		
12 空間図形		
13 立体の表面積と体積		
14 データの分析と統計的確率		

THE LOOSE-LEAF STUDY GUIDE GAKKEN PLUS

TO DO LIST

やることをリストにしよう！ 重要度を☆で示し、できたら□に印をつけよう。

□☆☆☆	□☆☆☆
□☆☆☆	□☆☆☆
□☆☆☆	□☆☆☆
□☆☆☆	□☆☆☆

THEME
正負の数・素数

まだまだ　もう少し　ばっちり

正負の数の加法

□ 1 $(-12)+(-6)$

1 同符号では，絶対値の和に共通の符号をつける。

$(-12)+(-6)$

$=$ 01 ___ (02 ___) $=$ 03 ___

共通の符号　絶対値の和

□ 2 $(-7)+(+15)$

2 異符号では，絶対値の差に絶対値の大きいほうの符号をつける。

$(-7)+(+15)$

$=$ 04 ___ (05 ___) $=$ 06 ___

絶対値の大きいほうの符号　絶対値の差

正負の数の減法

□ 1 $(+7)-(+12)$

1 ひく数の符号を変えて加法に直して計算する。

$(+7)-(+12)=(+7)+($ 07 ___ $12)$　異符号の2数の和

↑加法に直す　↑符号を変える

$=$ 08 ___

□ 2 $(+12)-(-18)$

2 $(+12)-(-18)=(+12)+($ 09 ___ $18)$　同符号の2数の和

↑符号を変える

$=$ 10 ___

□ 3 $3+(-7)-2-(-9)$

3 かっこのない式に直して計算する。

$3+(-7)-2-(-9)$　加法と減法が混じっている

$=3$ 11 ___ -2 12 ___ $=$ 13 ___ $-$ 14 ___

正の項の和　負の項の和

$=$ 15 ___

同符号の数の乗除

□ 1 $(-5)\times(-6)$

同符号では，絶対値の積，商に正の符号をつける。

1 $(-5)\times(-6)=$ 16 ___ $(5\times6)=$ 17 ___

絶対値の積　＋は省いてよい

□ 2 $(-72)\div(-9)$

2 $(-72)\div(-9)=$ 18 ___ $(72\div9)=$ 19 ___

絶対値の商

異符号の数の乗除

□ **1** $(+7)\times(-3)$

異符号では，絶対値の積，商に負の符号をつける。

1 $(+7)\times(-3)=$ 20 ＿＿ $(7\times3)=$ 21 ＿＿
絶対値の積

□ **2** $(-48)\div(+8)$

2 $(-48)\div(+8)=$ 22 ＿＿ $(48\div8)=$ 23 ＿＿
絶対値の商

四則の混じった計算

□ **1** $(-2)\times(-15)\div(-5)$

1 乗法だけの式に直してから計算する。

$(-2)\times(-15)\div(-5)=(-2)\times(-15)\times($ 24 ＿＿ $)$
−5の逆数

$=$ 25 ＿＿ $\left(2\times15\times\frac{1}{5}\right)$

積の符号は，負の数が，
偶数個 → ＋，奇数個 → −

$=$ 26 ＿＿

□ **2** $(-3)^2+(-4)\times9$

2 かっこの中・累乗→乗除→加減の順に計算する。

$(-3)^2+(-4)\times9$

$=$ 27 ＿＿ $+(-4)\times9$

$=$ 28 ＿＿ $+($ 29 ＿＿ $)$

$=$ 30 ＿＿

累乗の計算でのちがい
$(-3)^2=(-3)\times(-3)=9$
$-3^2=-(3\times3)=-9$

素因数分解のしかた

□ 360 を素因数分解しなさい。

商が素数になるまで，素数でくり返しわっていく。

2) 360
31 ＿＿) 180
32 ＿＿) 90
33 ＿＿) 45
34 ＿＿) 15
35 ＿＿

素因数分解の手順
①小さい素数から順にわっていく。
②商が素数になったらやめる。
③わった数と商を積の形で表す。

同じ数の積は，累乗の指数を使って表す。

したがって，$360=$ 36 ＿＿ $^3\times$ 37 ＿＿ $^2\times$ 38 ＿＿

THEME 文字式の表し方

まだまだ　もう少し　ばっちり

文字式の表し方

次の式を，文字式の表し方にしたがって書きなさい。

□ **1** $b\times a\times(-2)\times a$

1 積は，記号 × は省き，数は文字の前に書く。

$b\times a\times(-2)\times a$

＝ 01 ＿＿＿＿

文字はふつうアルファベット順に書く

同じ文字の積は，累乗の指数を使って書く。

□ **2** $(x-y)\div 10$

2 商は，記号 ÷ を使わずに，分数の形で書く。

$(x-y)\div 10=$ 02 ＿＿＿＿

分子のかっこは省く

□ **3** $a\times 4+n\div 5$

3 記号 ×，÷ は省くが，＋，－ は省かない。

$a\times 4+n\div 5=$ 03 ＿＿＿＿ ＋ 04 ＿＿＿＿

数量を文字式に表す

□ 1 個 250 円のケーキを a 個と，1 個 150 円のドーナツを b 個買ったときの代金の合計を表す式を書きなさい。

（ケーキの代金）＋（ドーナツの代金）＝（代金の合計）にあてはめる。

$250\times$ 05 ＿＿＿＿ $+150\times$ 06 ＿＿＿＿

＝ 07 ＿＿＿＿（円）

式の値

$x=-3$ のとき，次の式の値を求めなさい。

□ **1** $4x+5$

負の数は，かっこをつけて代入する。

1 $4x+5=4\times($ 08 ＿＿＿＿ $)+5$　　x に -3 を代入

＝ 09 ＿＿＿＿ $+5=$ 10 ＿＿＿＿

□ **2** $2x-x^2$

2 $2x-x^2=2\times($ 11 ＿＿＿＿ $)-($ 12 ＿＿＿＿ $)^2$

$=-6-$ 13 ＿＿＿＿ ＝ 14 ＿＿＿＿

THEME 文字式の計算

まだまだ　もう少し　ばっちり

1次式の加減

□ **1** $-3x+8x$

1 $mx+nx=(m+n)x$ を利用して計算する。

$-3x+8x=(-3+$ 01 ____ $)x=$ 02 ____

項　係数どうしを計算

□ **2** $(2a-5)+(3a+4)$

2 ＋(　)は，そのまま(　)をはずす。

$(2a-5)+(3a+4)=2a-5+3a+4$

$=2a+$ 03 ____ $-5+$ 04 ____ $=$ 05 ____

文字の項どうし　数の項どうし

□ **3** $(4y+3)-(5-y)$

3 −(　)は，(　)の中の各項の符号を変えてはずす。

$(4y+3)-(5-y)$

$=4y+3-5$ 06 ____

符号の変え忘れに注意。

$=4y$ 07 ____ $+3-5=$ 08 ____

項が1つの式と数の乗除

□ **1** $7a\times(-6)$

1 数どうしの積に文字をかける。

$7a\times(-6)=7\times($ 09 ____ $)\times a=$ 10 ____

□ **2** $-24x\div8$

2 分数の形にして，数どうしで約分する。

$-24x\div8=\dfrac{11 \\_\\_\\_\\_}{8}=$ 12 ____

項が2つの式と数の乗除

□ **1** $2(2x-9)$

1 $2(2x-9)$

$=2\times2x+2\times($ 13 ____ $)$

$=$ 14 ____

重要 分配法則
$a(b+c)=ab+ac$

□ **2** $(15a+6)\div(-3)$

2 分数の形にして，各項を約分する。

$(15a+6)\div(-3)$

$=$ 15 ____ $+\dfrac{6}{-3}=$ 16 ____

THEME 方程式

まだまだ　もう少し　ばっちり

等式の性質で方程式を解く

次の方程式を，等式の性質を使って解きなさい。

□ **1** $x-12=5$

□ **2** $4x=-16$

等式の性質を使って，$x=$数の形にする。

1
$x-12=5$
$x-12$ 01 $=5+12$
（両辺に12をたす）
$x=$ 02

2
$4x=-16$
（両辺を4でわる）
03 $=\dfrac{-16}{4}$
$x=$ 04

移項の考えを使って方程式を解く

次の方程式を，移項の考えを使って解きなさい。

□ **1** $8x+5=-11$

□ **2** $6x-1=2x+3$

文字の項を左辺に，数の項を右辺に移項して解く。

1
$8x+5=-11$
（移項する）
$8x=-11$ 05
（$ax=b$ の形にする）
$8x=$ 06
（両辺を a でわる）
$x=$ 07

2
$6x-1=2x+3$
$6x$ 08 $=3$ 09
（文字の項…左辺　数の項…右辺）
10 $=4$
$x=$ 11

移項するときは，符号の変え忘れに注意。

かっこのある方程式

□ $-3(x+2)=x+10$ を解きなさい。

分配法則で，かっこをはずしてから解く。

$-3(x+2)=x+10$
$-3x$ 12 $=x+10$
（かっこをはずすときの各項の符号に気をつけよう。）
$-3x$ 13 $=10$ 14 ←移項する
15 $=$ 16 ←$ax=b$の形
$x=$ 17

分数をふくむ方程式

□ $\frac{2}{3}x-1=\frac{3}{4}x+\frac{1}{2}$

を解きなさい。

両辺に分母の最小公倍数をかけ，分母をはらう。

$$\frac{2}{3}x-1=\frac{3}{4}x+\frac{1}{2}$$

$$\left(\frac{2}{3}x-1\right)\times \text{18 \_\_\_\_} = \left(\frac{3}{4}x+\frac{1}{2}\right)\times \text{19 \_\_\_\_}$$

（18：分母 2, 3, 4 の最小公倍数　19：分母 2, 3, 4 の最小公倍数）

$8x-$ 20 ＿＿ $=$ 21 ＿＿ $+6$　←分母をはらう

22 ＿＿ $=18$　←移項して，$ax=b$の形

$x=$ 23 ＿＿

比例式

□ 比例式

$(x+3):15=2:3$

で，x の値を求めなさい。

比例式の性質　$a:b=c:d$ ならば，$ad=bc$

$(x+3):15=2:3$　　$(x+3)\times3=15\times2$

24 ＿＿ $(x+3)=$ 25 ＿＿

26 ＿＿ $+9=$ 27 ＿＿

28 ＿＿ $=21$

$x=$ 29 ＿＿

方程式の利用

□ 弟が家を出てから 6 分後に，姉は家を出て弟を追いかけた。弟は分速 60 m，姉は分速 75 m で歩くとすると，姉は家を出てから何分後に弟に追いつくか求めなさい。

追いつくまでに，弟の進んだ道のりと姉の進んだ道のりが等しいことから求める。

姉が家を出てから x 分後に弟に追いつくとすると，

$60($ 30 ＿＿ $+x)=$ 31 ＿＿

（弟が進んだ道のり　姉が進んだ道のり）

道のり＝速さ×時間

$360+60x=$ 32 ＿＿

33 ＿＿ $=-360$，$x=$ 34 ＿＿

これは問題にあてはまる。　答 35 ＿＿ 分後

THEME 関数と比例

まだまだ　もう少し　ばっちり

関数

□ 次のうち，y が x の関数であるものを選びなさい。

ア　1辺の長さが x cm の正方形の周の長さは y cm である。

イ　身長が x cm の人の体重は y kg である。

ウ　10 km はなれた地点へ，時速 x km で進むと，y 時間かかった。

x の値を決めると，それにともなって y の値もただ1つに決まるとき，y は x の関数であるという。

ア　1辺の長さを5 cm とすると，正方形の周の長さは，5×01＿＿＿＿＝20(cm) となり，x の値が決まると，y の値は1つに決まる。

イ　身長が決まっても，体重は1つに決まらない。

ウ　時速 x km が決まると，y 時間は1つに決まる。

（y 時間 ← 時間＝道のり÷速さ）

y が x の関数であるものは，02＿＿＿＿と03＿＿＿＿。

比例の式

□ y が x に比例し，$x=4$ のとき $y=20$ である。y を x の式で表しなさい。

y が x に比例するから，比例定数を a とすると，比例の式は $\boldsymbol{y=ax}$ とおける。

この式に，$x=4$，$y=20$ を代入して，

04＿＿＿＿＝a×05＿＿＿＿，a＝06＿＿＿＿

したがって，式は y＝07＿＿＿＿

比例の関係

分速 60 m で x 分間歩いたときの道のりを y m とする。次の問いに答えなさい。

□ **1** y を x の式で表しなさい。

1 道のり＝08＿＿＿＿×時間より，

y＝09＿＿＿＿

□ **2** 5分間歩いたときの道のりは何 m か求めなさい。

2 **1**の式に，x＝10＿＿＿＿を代入して，

y＝60×11＿＿＿＿＝12＿＿＿＿

したがって，13＿＿＿＿ m

> 比例の性質
> x の値が2倍，3倍，…になると，y の値も2倍，3倍，…になる。

座標

□ 下の図で，点 A，B，C の座標を答えなさい。

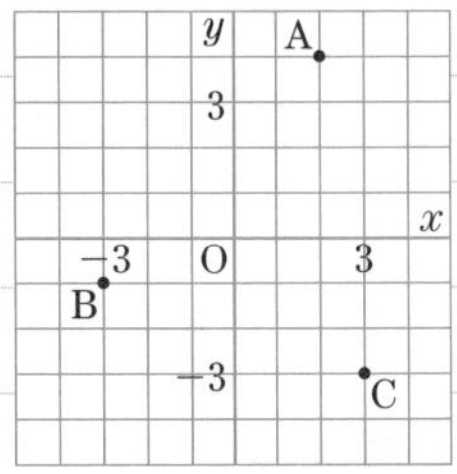

点 A は，原点 O から，右へ 14 ＿＿＿，上へ 15 ＿＿＿ だけ進んだ点だから，座標は（16 ＿＿＿）

点 B は，原点 O から，左へ 17 ＿＿＿，下へ 18 ＿＿＿ だけ進んだ点だから，座標は（19 ＿＿＿）

点 C は，原点 O から，右へ 20 ＿＿＿，下へ 21 ＿＿＿ だけ進んだ点だから，座標は（22 ＿＿＿）

比例のグラフ

次の比例のグラフは，下のア～エのうちどれか答えなさい。

□ **1** $y=3x$

□ **2** $y=-\frac{2}{3}x$

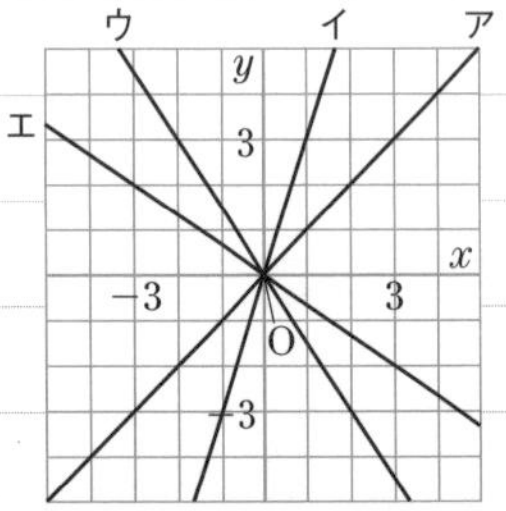

比例のグラフは，原点を通る直線。

1 比例定数が正の数なので，グラフは右 23 ＿＿＿ の直線になる。原点と点 (1, 24 ＿＿＿) を通るので，グラフは 25 ＿＿＿。

2 比例定数が負の数なので，グラフは右 26 ＿＿＿ の直線になる。原点と点 (3, 27 ＿＿＿) を通るので，グラフは 28 ＿＿＿。

比例定数が正でも負でも，原点以外の１点の座標からわかる。

比例のグラフから式を求める

□ 下の図は比例のグラフである。y を x の式で表しなさい。

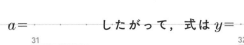

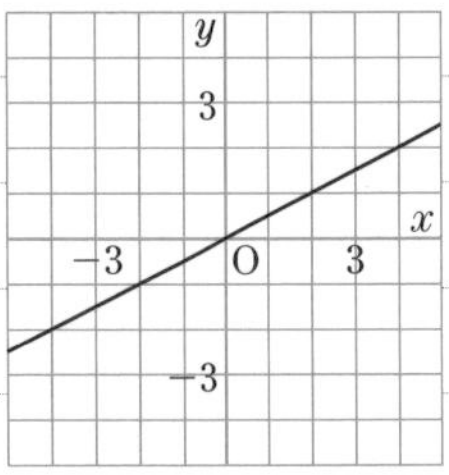

$y=ax$ の式にグラフが通る点の座標を代入する。

点 (2, 29 ＿＿＿) を通るので，

$y=ax$ に $x=2$，$y=1$ を代入して，$1=a\times$ 30 ＿＿＿，

$a=$ 31 ＿＿＿ したがって，式は $y=$ 32 ＿＿＿

x 座標と y 座標がどちらも整数の点を読みとる。

THEME 反比例

まだまだ　もう少し　ばっちり

反比例の式

□ y が x に反比例し，$x=3$ のとき $y=6$ である。y を x の式で表しなさい。

y が x に反比例するから，比例定数を a とすると，

反比例の式は $y=\dfrac{a}{x}$ とおける。

この式に，$x=3$，$y=6$ を代入して，

（x と y の値を逆に代入しないようにする。）

01 ＿＿＿ ＝ 02 ＿＿＿，$a=$ 03 ＿＿＿

したがって，$y=$ 04 ＿＿＿

> **反比例の性質**
> x の値が2倍，3倍，…になると，y の値は $\dfrac{1}{2}$ 倍，$\dfrac{1}{3}$ 倍，…になる。

反比例のグラフから式を求める

下の**1**，**2**は，反比例のグラフである。それぞれ y を x の式で表しなさい。

□ **1**

□ **2**

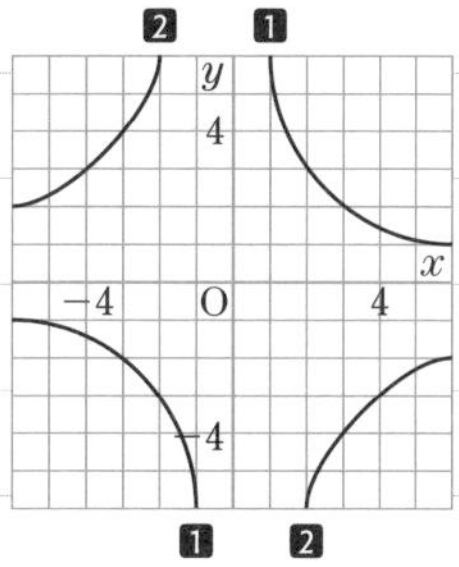

$y=\dfrac{a}{x}$ の式にグラフが通る点の座標を代入する。

1 点（1，05 ＿＿＿）を通るので，

（2，3）など，ほかの点の座標でもよい

> 反比例のグラフは，原点について対称な双曲線。

$y=\dfrac{a}{x}$ に $x=1$，$y=6$ を代入して，

$a=6$　したがって，$y=$ 06 ＿＿＿

2 点（2，07 ＿＿＿）を通るので，

$y=\dfrac{a}{x}$ に $x=2$，$y=-6$ を代入して，

08 ＿＿＿ $=\dfrac{a}{2}$，$a=$ 09 ＿＿＿

したがって，$y=$ 10 ＿＿＿

> $y=\dfrac{a}{x}$ のグラフは，$a>0$ と $a<0$ で位置が異なる。

THEME # 比例・反比例の利用

まだまだ　もう少し　ばっちり

比例の利用

□ くぎ25本の重さをはかったら，45gあった。同じくぎが216gあるとき，くぎは何本あるか求めなさい。

くぎの重さは本数に比例する。

くぎx本の重さをygとすると，yはxに比例するから，$y=$ 01＿＿＿ とおける。

この式に$x=25$，$y=45$を代入して，

02＿＿＿ $=a\times$ 03＿＿＿，$a=$ 04＿＿＿

式は，$y=$ 05＿＿＿ となり，

これに$y=216$を代入すると，

06＿＿＿ $=$ 07＿＿＿ x

$x=$ 08＿＿＿　答 09＿＿＿ 本

数量関係を比例の式に表す
↓
xとyの値を代入

反比例の利用

□ 毎分4Lずつ水を入れると30分でいっぱいになる空の水そうがある。この水そうに，毎分6Lずつ水を入れると，いっぱいになるまでに何分かかるか求めなさい。

水そうがいっぱいになるときの水の量は変わらない。

毎分xLずつ水を入れるとき，満水になるまでにy分かかるとすると，

$x\times y=4\times$ 10＿＿＿，$xy=$ 11＿＿＿

（毎分xLでy分入れる）（毎分4Lで30分入れる）

式は，$y=$ 12＿＿＿ となり，

（yはxに反比例する）

数量関係を反比例の式に表す
↓
xとyの値を代入

これに$x=6$を代入すると，

$y=$ 13＿＿＿ $=$ 14＿＿＿

答 15＿＿＿ 分

THEME **直線と角**

まだまだ　もう少し　ばっちり

直線

□ 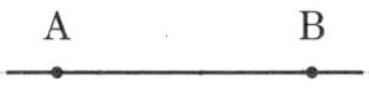

01 ＿＿＿＿ AB
両方にまっすぐのびている

□ 

02 ＿＿＿＿ AB
両端がある

□ 

03 ＿＿＿＿ AB
一方にだけのびている

□ 2点A，B間の距離は，

04 ＿＿＿＿ ABの長さ。

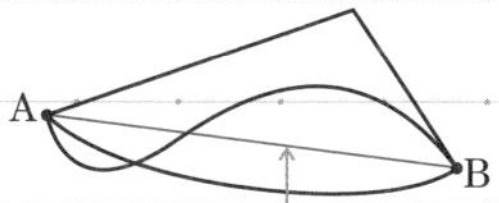

もっとも短い長さが，2点A，B間の距離

角の表し方

□ 右の図の角を，文字O，A，Bを使って表すと，∠ 05 ＿＿＿＿

頂点をまん中に書く

角AOBと読む。
∠BOA，∠O，$\angle a$ とも表す。

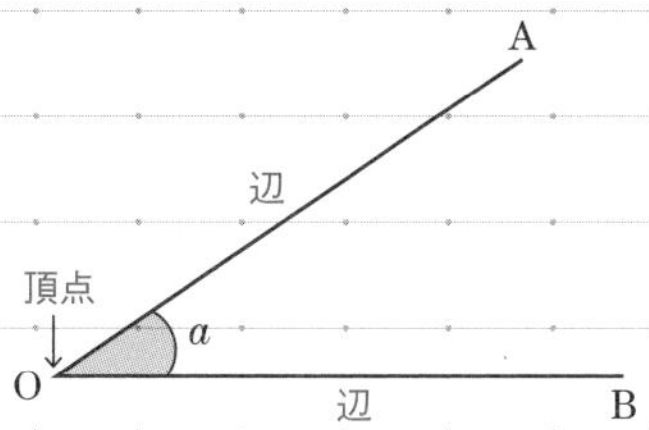

垂直・平行の表し方

□ 垂直

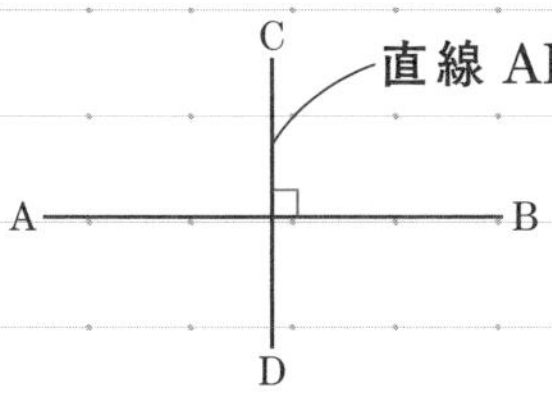

AB 記号07 ＿＿＿＿ CD

□ 平行

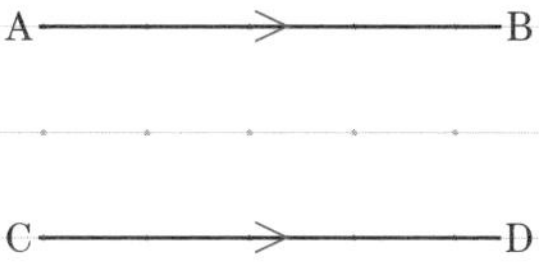

2直線が平行であることを，＞をつけて表すことがある。

AB 記号08 ＿＿＿＿ CD

□ 点Pと直線ABとの距離は，
線分 09 ＿＿＿＿ の長さ。

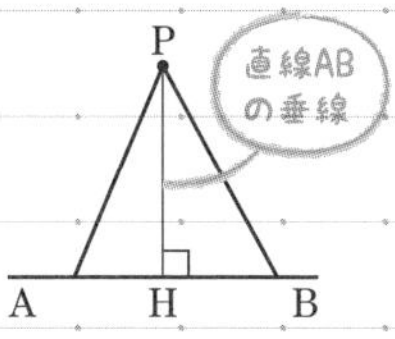

□ 平行な2直線 ℓ，m 間の距離は，
10 ＿＿＿＿ である。

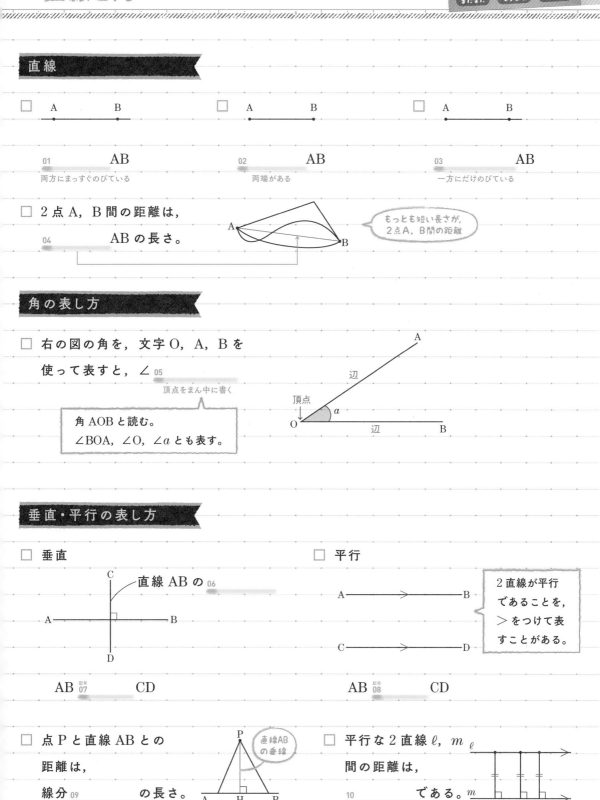

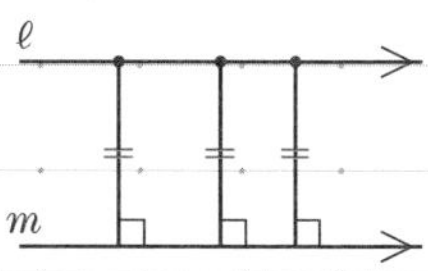

THEME 図形の移動

まだまだ　もう少し　ばっちり

平行移動

□ 下の図はすべて合同な直角三角形である。△ABC を平行移動させるだけで重なる三角形を答えなさい。

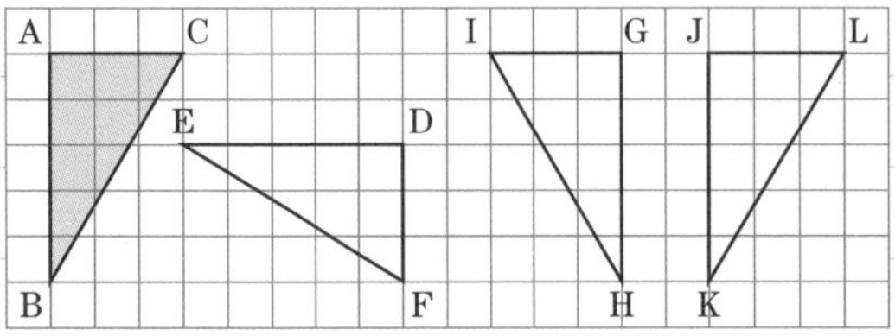

平行移動は，図形を一定の方向に，一定の 01 ＿＿＿＿ だけずらす移動。
△ABC を平行移動させた三角形は，
02 ＿＿＿＿

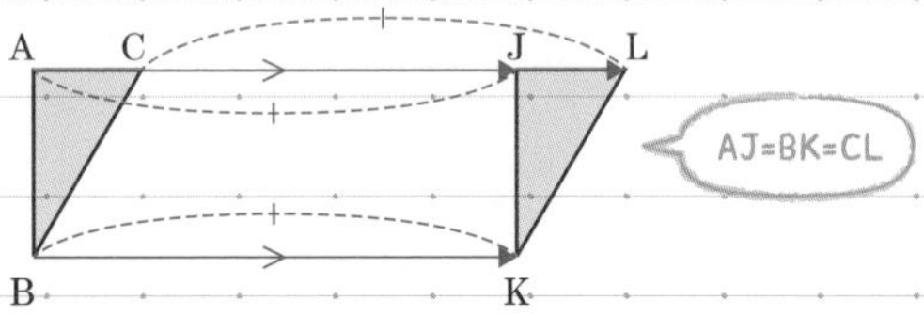

回転移動

□ 下の図は，合同な直角三角形を並べたものである。△ABC を点 C を回転の中心として回転移動させるだけで重なる三角形を答えなさい。

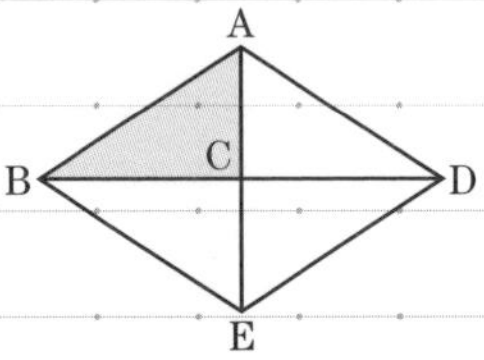

回転移動は，図形を 1 点を中心として，一定の 03 ＿＿＿＿ だけ回転させる移動。
△ABC を，点 C を回転の中心として回転移動させた三角形は，04 ＿＿＿＿

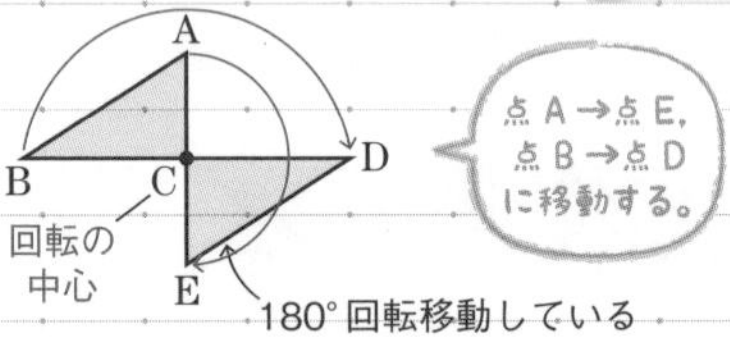

対称移動

□ 下の図は，合同な直角二等辺三角形を並べたものである。DC を対称の軸として，対称移動させるだけで重なる三角形の組をすべて答えなさい。

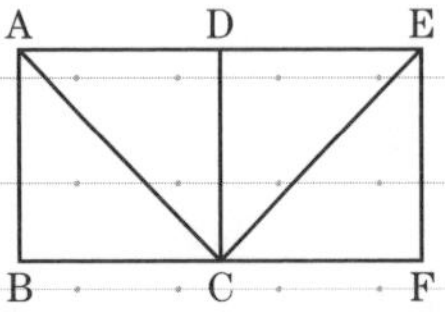

対称移動は，図形を 1 つの直線を折り目として 05 ＿＿＿＿ 移動。
DC が対称の軸なので，
△ABC と 06 ＿＿＿＿，
△ADC と 07 ＿＿＿＿
が対称移動で重なる。

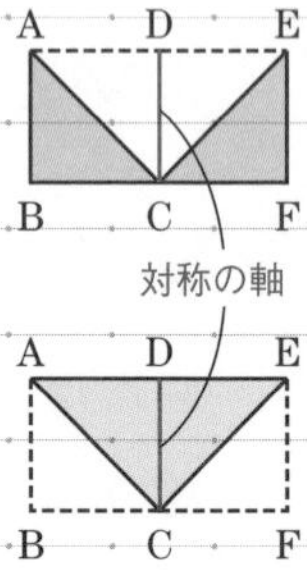

THEME 作図

まだまだ　もう少し　ばっちり

中点の作図

□ 線分 AB の中点 M を作図しなさい。

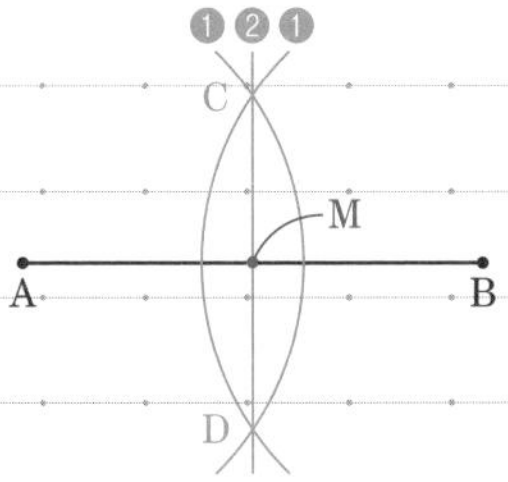

線分 AB の垂直二等分線を作図し，線分 AB との交点を M とする。

定規とコンパスだけを使う

垂直二等分線の作図の手順

❶点 A，B を中心として，01 ______ 半径の円をかく。

❷2 つの円の交点を C，D として，02 ______ CD をひく。

角の二等分線の作図

□ △ABC で，辺 AB と辺 BC までの距離が等しい点 P を辺 AC 上に作図しなさい。

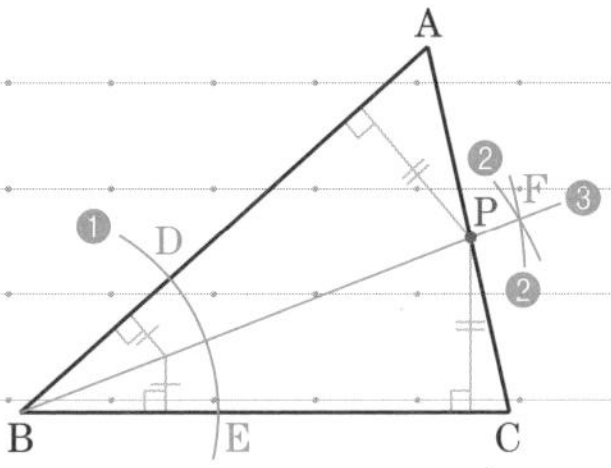

角の二等分線上の点は，角の2辺からの距離が等しい。

∠B の二等分線を作図し，辺 AC との交点を P とする。

角の二等分線の作図の手順

❶頂点 03 ______ を中心とする円をかき，辺 AB，BC との交点を D，E とする。

❷点 D，E を中心として，04 ______ 半径の円をかき，その交点を F とする。

❸ 05 ______ BF をひく。

垂線の作図

□ △ABC で，辺 BC を底辺とするときの高さ AH を作図しなさい。

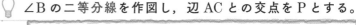

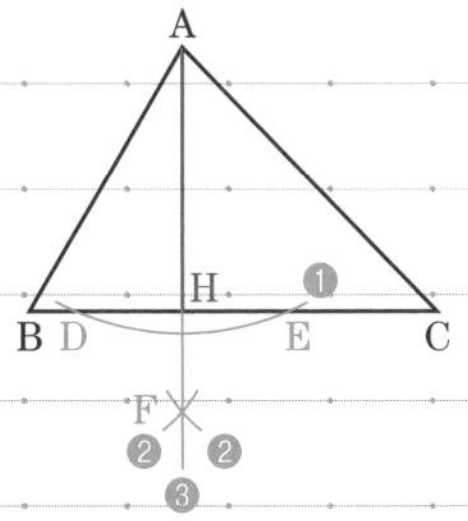

頂点 A から辺 BC への垂線を作図し，辺 BC との交点を H とする。

垂線の作図の手順

❶頂点 06 ______ を中心とする円をかき，辺BCとの交点をD，E とする。

❷点 D，E を中心として，07 ______ 半径の円をかく。

❸❷の円の交点を F として，半直線 AF をひく。

No.

LOOSE-LEAF COLLECTION 1

Date

数学 MATH

THE LOOSE-LEAF ★★★ GAKKEN -PLUS-

THEME 円とおうぎ形

まだまだ　もう少し　ばっちり

円の周の長さと面積

□ 半径 5 cm の円の周の長さと面積を求めなさい。円周率は π とする。

公式 半径 r の円の周の長さを ℓ, 面積を S とすると，
$\ell=2\pi r$, $S=\pi r^2$

周の長さは，$2\pi\times$ 01 ＿＿ ＝ 02 ＿＿ (cm)

面積は，$\pi\times$ 03 ＿＿ ^{2} ＝ 04 ＿＿ (cm^2)

おうぎ形の弧の長さと面積

□ 下の図のおうぎ形の弧の長さと面積を求めなさい。円周率は π とする。

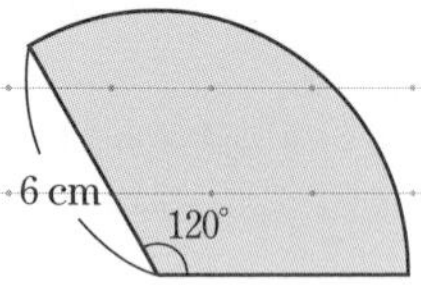

公式 半径 r, 中心角 $a°$ のおうぎ形の弧の長さを ℓ, 面積を S とすると，

$$\ell=2\pi r\times\frac{a}{360},\quad S=\pi r^2\times\frac{a}{360}$$

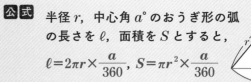

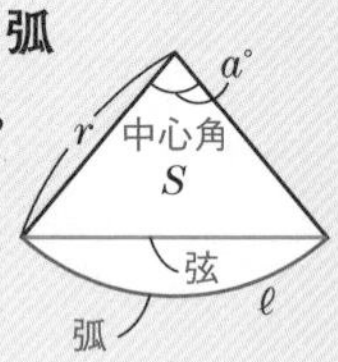

弧の長さは，$2\pi\times$ 05 ＿＿ $\times$ 06 ＿＿

＝ 07 ＿＿ (cm)

面積は，$\pi\times$ 08 ＿＿ $^2\times$ 09 ＿＿ ＝ 10 ＿＿ (cm^2)

おうぎ形の中心角を求める

□ 半径が 4 cm，弧の長さが 3π cm のおうぎ形の中心角の大きさを求めなさい。

おうぎ形の弧の長さは中心角の大きさに比例する。

おうぎ形の弧の長さは，同じ円の円周の

$\dfrac{3\pi}{2\pi\times \text{11 ＿＿}}$ ＝ 12 ＿＿　（弧の長さ／同じ円の円周）

これより，360° × 13 ＿＿ ＝ 14 ＿＿

THEME 空間図形

まだまだ　もう少し　ばっちり

正多面体

□ 正多面体について，下の表を完成させなさい。

	面の形	面の数	辺の数	頂点の数
正四面体	正三角形	4	01	02
正六面体	正方形	6	03	04
正八面体	正三角形	05	06	6
正十二面体	07	08	30	09
正二十面体	10	20	30	11

(頂点の数)－(辺の数)＋(面の数)＝2

正多面体の種類

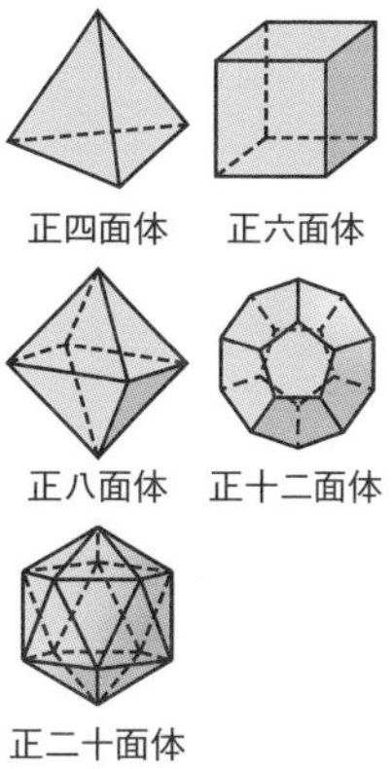

直線や面の位置関係

下の図の三角柱で，次の位置関係にある辺をすべて答えなさい。

□ **1** 面 ABC と垂直な辺

□ **2** 辺 BE とねじれの位置にある辺

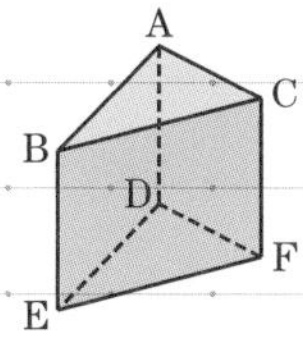

1 角柱では，底面と交わる辺は底面に垂直だから，垂直な辺は，12

2 平行でなく，交わらない２直線を，ねじれの位置にあるという。
辺BEとねじれの位置にある辺は，

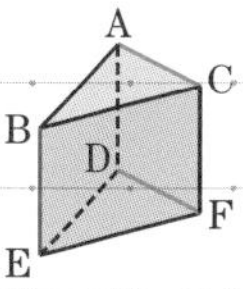

13

回転体

次の図形を，直線 ℓ を軸として１回転させてできる立体の名前を答えなさい。

□ **1**

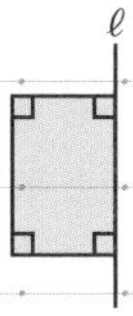

□ **2**

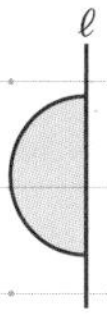

回転体の見取図をかく。

1

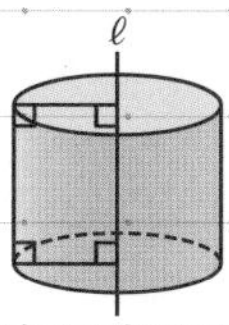

14

2

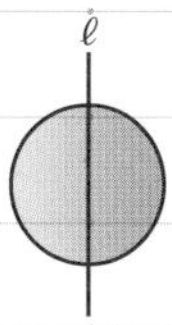

15

１つの直線を軸として，平面図形を１回転させてできる立体を回転体という。

円柱の展開図

□ 右の図のような円柱で，展開図の側面になる長方形の横の長さを求めなさい。円周率は π とする。

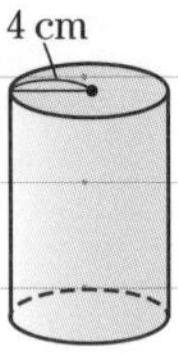

側面になる長方形の横の長さは，底面の円周と等しいから，

$2\pi \times$ 16 ＿＿＿＿（底面の円の半径）

＝ 17 ＿＿＿＿ (cm)

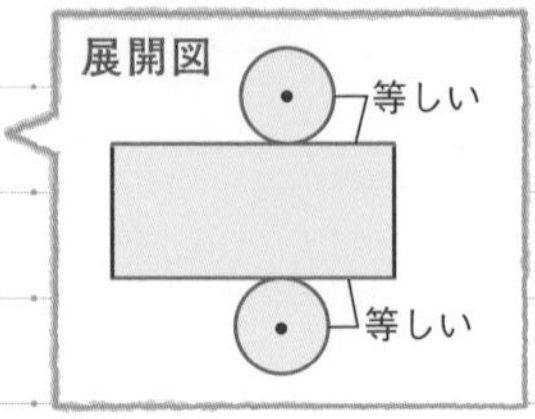

円錐の展開図

□ 下の図の円錐（えんすい）の展開図について，側面になるおうぎ形の弧の長さを求めなさい。

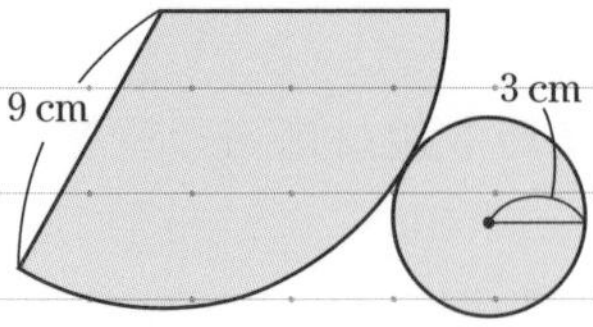

側面になるおうぎ形の弧の長さは，底面の円周と等しいから，

$2\pi \times$ 18 ＿＿＿＿（底面の円の半径） ＝ 19 ＿＿＿＿ (cm)

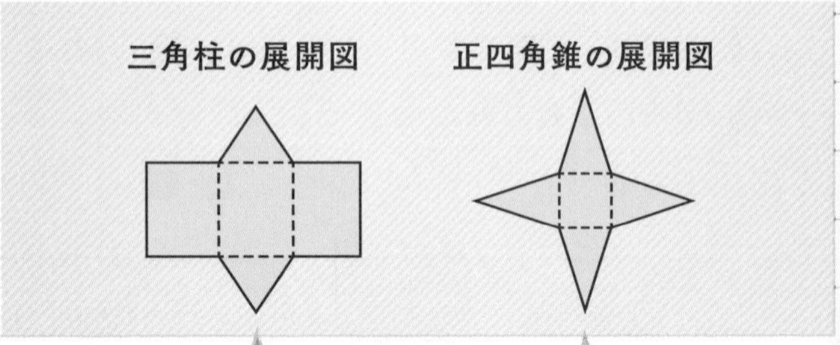

よく出る立体の展開図はかけるようにしよう。

投影図

次の投影図は，それぞれ何という立体か答えなさい。

□ **1**

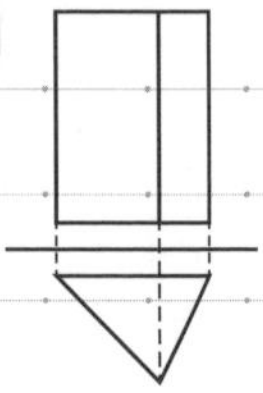

□ **2**

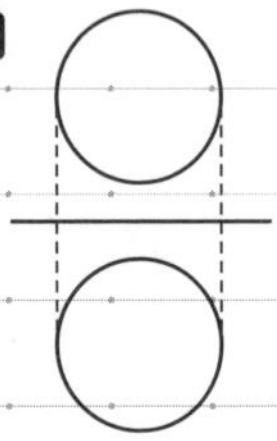

1 立面図が長方形だから，角柱か円柱。平面図が三角形だから，底面は三角形。

よって，20 ＿＿＿＿。

立面図は正面から見た図。平面図は真上から見た図。立面図と平面図をあわせて投影図という。

2 立面図も平面図も円だから，21 ＿＿＿＿。

THEME 立体の表面積と体積

まだまだ　もう少し　ばっちり

角柱・円柱の表面積

次の三角柱と円柱の表面積を求めなさい。円周率は π とする。

□ **1**

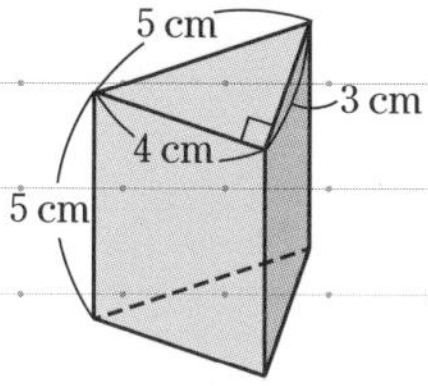

□ **2**

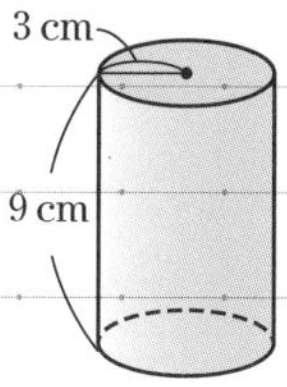

底面は2つ

公式 角柱・円柱の表面積＝側面積＋底面積×2

1 側面積…$5\times(5+$ 01 ＿＿ $+3)=$ 02 ＿＿ (cm^2)
（底面の周の長さ）

底面積…$\frac{1}{2}\times4\times$ 03 ＿＿ $=$ 04 ＿＿ (cm^2)

表面積は，05 ＿＿ ＋ 06 ＿＿ $\times2=$ 07 ＿＿ (cm^2)

2 側面積…$9\times2\pi\times$ 08 ＿＿ $=$ 09 ＿＿ (cm^2)

底面積…$\pi\times$ 10 ＿＿ $^2=$ 11 ＿＿ (cm^2)

表面積は，12 ＿＿ ＋ 13 ＿＿ $\times2=$ 14 ＿＿ (cm^2)

角錐の表面積

□ 下の正四角錐（せいしかくすい）の表面積を求めなさい。

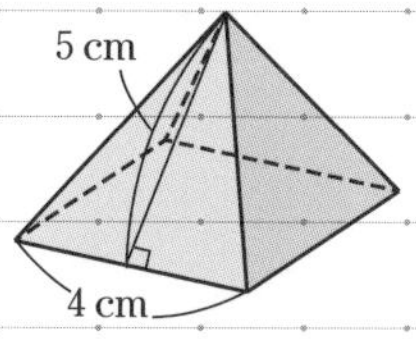

底面は1つ

公式 角錐・円錐の表面積＝側面積＋底面積

側面積…$\left(\frac{1}{2}\times4\times\right.$ 15 ＿＿ $\left.\right)\times$ 16 ＿＿ $=$ 17 ＿＿ (cm^2)
（→側面は4つの合同な二等辺三角形）（面の数）

底面積…$4\times$ 18 ＿＿ $=$ 19 ＿＿ (cm^2)

表面積は，20 ＿＿ $+16=$ 21 ＿＿ (cm^2)

円錐の表面積

□ 下の円錐の表面積を求めなさい。円周率は π とする。

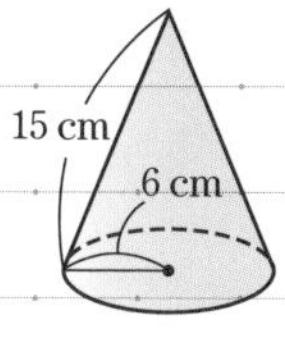

右の展開図で，おうぎ形の中心角は，

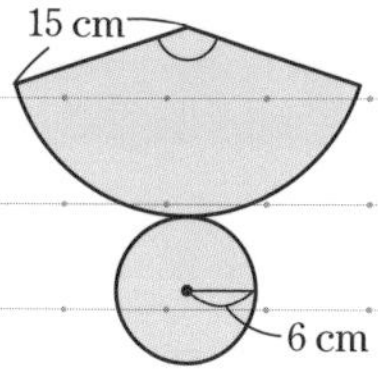

$360^\circ\times\dfrac{2\pi\times6}{2\pi\times\ 22\ \_\_}=$ 23 ＿＿

側面積…$\pi\times15^2\times$ 24 ＿＿ $=$ 25 ＿＿ (cm^2)

底面積…$\pi\times6^2=$ 26 ＿＿ (cm^2)

表面積は，$90\pi+$ 27 ＿＿ $=$ 28 ＿＿ (cm^2)

角柱・円柱の体積

次の三角柱と円柱の体積を求めなさい。円周率は π とする。

□ **1**

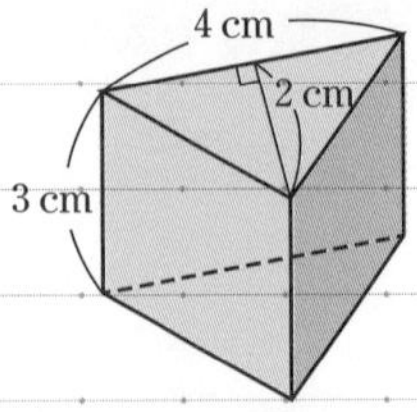

□ **2**

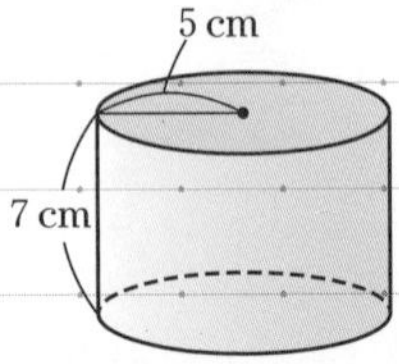

公式 角柱・円柱の体積 $V=Sh$（底面積 S，高さ h，体積 V）

1 底面積…$\frac{1}{2}\times$ 29 ____ $\times 2=$ 30 ____ (cm^2)

体積は，31 ____（底面積） $\times$ 32 ____（高さ） $=$ 33 ____ (cm^3)

2 底面積…$\pi\times$ 34 ____ $^2=$ 35 ____ (cm^2)

体積は，36 ____（底面積） $\times$ 37 ____（高さ） $=$ 38 ____ (cm^3)

角錐・円錐の体積

次の正四角錐と円錐の体積を求めなさい。円周率は π とする。

□ **1**

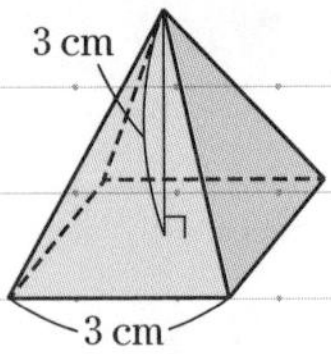

□ **2**

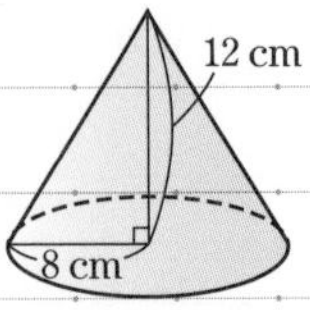

公式 角錐・円錐の体積 $V=\frac{1}{3}Sh$（底面積 S，高さ h，体積 V）

1 底面積…$3\times$ 39 ____ $=$ 40 ____ (cm^2)

体積は，$\frac{1}{3}\times$ 41 ____ $\times$ 42 ____ $=$ 43 ____ (cm^3)

2 底面積…$\pi\times$ 44 ____ $^2=$ 45 ____ (cm^2)

体積は，46 ____ $\times$ 47 ____ $\times 12=$ 48 ____ (cm^3)

球の表面積と体積

□ 半径 3 cm の球の表面積と体積を求めなさい。円周率は π とする。

公式 球の表面積 $S=4\pi r^2$，体積 $V=\frac{4}{3}\pi r^3$
（半径 r，表面積 S，体積 V）

表面積は，$4\pi\times$ 49 ____ $^2=$ 50 ____ (cm^2)

体積は，$\frac{4}{3}\pi\times$ 51 ____ $^3=$ 52 ____ (cm^3)

THEME データの分析と統計的確率

まだまだ　もう少し　ばっちり

累積度数と相対度数

下の度数分布表について，次の問いに答えなさい。

□ **1** 55 kg 未満の累積度数を求めなさい。

□ **2** 50 kg 以上 55 kg 未満の階級の相対度数を求めなさい。

1 組男子の体重

階級（kg）	度数（人）	累積度数（人）
以上　未満		
35 ～ 40	2	2
40 ～ 45	4	6
45 ～ 50	6	12
50 ～ 55	5	
55 ～ 60	3	20
合計	20	

1 最初の階級から，ある階級までの度数の合計が累積度数だから，55 kg 未満の累積度数は，

2+4+6+ 01 ＿＿＿＿ = 02 ＿＿＿＿

2 公式 相対度数 $=\dfrac{\text{各階級の度数}}{\text{度数の合計}}$

この階級の度数は 03 ＿＿＿＿ 人だから，相対度数は

04 ＿＿＿＿ = 05 ＿＿＿＿

ヒストグラムと度数折れ線

下のヒストグラムについて，次の問いに答えなさい。

□ **1** 20 分以上 25 分未満の階級の相対度数を求めなさい。

□ **2** 通学時間が 20 分以上の人の割合は何％か求めなさい。

□ **3** ヒストグラムから，度数折れ線をかきなさい。

通学時間

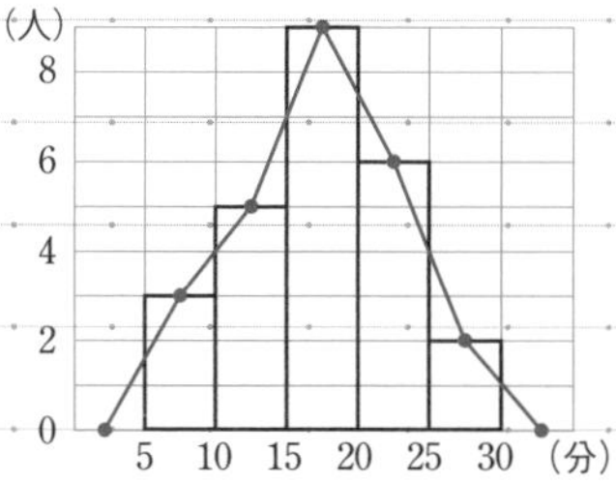

1 度数の合計は 06 ＿＿＿＿ 人で，この階級の度数は 07 ＿＿＿＿ 人だから，

相対度数は 08 ＿＿＿＿ = 09 ＿＿＿＿

2 20 分以上の人は，6+2= 10 ＿＿＿＿（人）だから，

11 ＿＿＿＿ ÷25×100= 12 ＿＿＿＿（％）

3 ヒストグラムの 1 つ 1 つの長方形の上の辺の 13 ＿＿＿＿ を，順に線分で結ぶ。ただし，両端では，度数 0 の階級があるものと考えて，線分を 14 ＿＿＿＿ までのばす。

THEME データの分析と統計的確率

度数分布表と平均値

□ 下の表は，生徒 20 人の小テストの得点を度数分布表にまとめたものである。生徒 20 人の得点の平均値を求めなさい。

小テストの得点

階級（点）	度数（人）
以上　未満	
0 ～ 10	0
10 ～ 20	3
20 ～ 30	4
30 ～ 40	8
40 ～ 50	5
合計	20

公式　平均値＝$\dfrac{（階級値\times度数）の合計}{度数の合計}$

階級値は各階級のまん中の値。

(5×0＋ 15 ＿＿＿ ×3＋ 16 ＿＿＿ ×4＋35×8
＋ 17 ＿＿＿ ×5)÷ 18 ＿＿＿
＝(0＋ 19 ＿＿＿ ＋ 20 ＿＿＿ ＋280＋225)÷ 21 ＿＿＿
＝ 22 ＿＿＿ (点)

中央値・最頻値

下の資料は，生徒 10 人が 1 か月に読んだ本の冊数である。次の問いに答えなさい。

1　3　4　2　1　2　3　5　4　2　（冊）

□ **1** 中央値を求めなさい。

□ **2** 最頻値を求めなさい。

1 資料を大きさの順に並べかえると，
1，1，2，2，2，3，3，4，4，5
資料の個数が偶数のときは，中央にある 2 つの値の平均値が中央値だから，
(2＋ 23 ＿＿＿)÷2＝ 24 ＿＿＿ (冊)

2 最も多く出てくる値だから，25 ＿＿＿ 冊。

統計的確率

□ 下の表は，びんの王冠とボタンを何回も投げて，表と裏の出た回数をまとめたものである。どちらのほうが，表が出やすいといえますか。

	表	裏	合計
王冠	752	1248	2000
ボタン	688	912	1600

王冠の表の出た確率は，
26 ＿＿＿ ÷2000＝ 27 ＿＿＿
ボタンの表の出た確率は，
28 ＿＿＿ ÷1600＝ 29 ＿＿＿ だから，
30 ＿＿＿ のほうが，表が出やすい。

中1数学の解答

P.49 正負の数・素数

01 −　02 12+6　03 −18　04 +　05 15−7　06 +8　07 −　08 −5　09 +

10 +30　11 −7　12 +9　13 12　14 9　15 3　16 +　17 30　18 +　19 8

20 −　21 −21　22 −　23 −6　24 $-\frac{1}{5}$　25 −　26 −6　27 9　28 9　29 −36

30 −27　31 2　32 2　33 3　34 3　35 5　36 2　37 3　38 5

［ポイント］正負の数の計算は，符号の扱いが重要。特に，減法でひく数の符号を変え忘れないように注意する。

P.51 文字式の表し方

01 $-2a^2b$　02 $\frac{x-y}{10}$　03 $4a$　04 $\frac{n}{5}$　05 a　06 b　07 $250a+150b$　08 −3　09 −12

10 −7　11 −3　12 −3　13 9　14 −15

P.52 文字式の計算

01 8　02 $5x$　03 $3a$　04 4　05 $5a-1$　06 $+y$　07 $+y$　08 $5y-2$　09 −6

10 $-42a$　11 $-24x$　12 $-3x$　13 −9　14 $4x-18$　15 $\frac{15a}{-3}$　16 $-5a-2$

P.53 方程式

01 +12　02 17　03 $\frac{4x}{4}$　04 −4　05 −5　06 −16　07 −2　08 $-2x$　09 +1

10 $4x$　11 1　12 −6　13 $-x$　14 +6　15 $-4x$　16 16　17 −4　18 12　19 12

20 12　21 $9x$　22 $-x$　23 −18　24 3　25 30　26 $3x$　27 30　28 $3x$　29 7

30 6　31 $75x$　32 $75x$　33 $-15x$　34 24　35 24

［ポイント］方程式を解くには，文字の項を左辺に，数の項を右辺に移項する。このとき，移項したあとの符号の変え忘れに気をつける。

P.55 関数と比例

01 4　02 ア　03 ウ　04 20　05 4　06 5　07 $5x$　08 速さ　09 $60x$　10 5　11 5

12 300　13 300　14 2　15 4　16 2，4　17 3　18 1　19 −3，−1　20 3　21 3

22 3，−3　23 上がり　24 3　25 イ　26 下がり　27 −2　28 エ　29 1　30 2　31 $\frac{1}{2}$

32 $\frac{1}{2}x$

P.57 反比例

01 6　02 $\frac{a}{3}$　03 18　04 $\frac{18}{x}$　05 6　06 $\frac{6}{x}$　07 −6　08 −6　09 −12　10 $-\frac{12}{x}$

P.58 比例・反比例の利用

01 ax　02 45　03 25　04 $\frac{9}{5}$　05 $\frac{9}{5}x$　06 216　07 $\frac{9}{5}$　08 120　09 120　10 30

11 120　12 $\frac{120}{x}$　13 $\frac{120}{6}$　14 20　15 20

No.

Date

数学 MATH

中1数学の解答

P.59 直線と角

01 直線　02 線分　03 半直線　04 線分　05 AOB　06 垂線　07 ⊥　08 //　09 PH

10 一定

P.60 図形の移動

01 距離(長さ)　02 △JKL　03 角度　04 △EDC　05 折り返す　06 △EFC　07 △EDC

P.61 作図

01 等しい　02 直線　03 B　04 等しい　05 半直線　06 A　07 等しい

P.62 円とおうぎ形

01 5　02 10π　03 5　04 25π　05 6　06 $\frac{120}{360}$　07 4π　08 6　09 $\frac{120}{360}$　10 12π

11 4　12 $\frac{3}{8}$　13 $\frac{3}{8}$　14 135°

P.63 空間図形

01 6　02 4　03 12　04 8　05 8　06 12　07 正五角形　08 12　09 20　10 正三角形

11 12　12 辺AD，辺BE，辺CF　13 辺AC，辺DF　14 円柱　15 球　16 4　17 8π　18 3

19 6π　20 三角柱　21 球

P.65 立体の表面積と体積

01 4　02 60　03 3　04 6　05 60　06 6　07 72　08 3　09 54π　10 3　11 9π

12 54π　13 9π　14 72π　15 5　16 4　17 40　18 4　19 16　20 40　21 56

22 15　23 144°　24 $\frac{144}{360}$　25 90π　26 36π　27 36π　28 126π　29 4　30 4　31 4

32 3　33 12　34 5　35 25π　36 25π　37 7　38 175π　39 3　40 9　41 9　42 3

43 9　44 8　45 64π　46 $\frac{1}{3}$　47 64π　48 256π　49 3　50 36π　51 3　52 36π

[ポイント] 角柱・円柱と，角錐・円錐の表面積と体積の求め方のちがいをおさえ，公式をしっかり覚えておくこと。

P.67 データの分析と統計的確率

01 5　02 17　03 5　04 $\frac{5}{20}$　05 0.25　06 25　07 6　08 $\frac{6}{25}$　09 0.24　10 8　11 8

12 32　13 中点　14 横軸　15 15　16 25　17 45　18 20　19 45　20 100　21 20

22 32.5　23 3　24 2.5　25 2　26 752　27 0.376　28 688　29 0.43　30 ボタン

THE LOOSE-LEAF STUDY GUIDE 1

FOR JHS STUDENTS

中1

理科

SCIENCE

A LOOSE-LEAF COLLECTION
FOR A COMPLETE REVIEW OF ALL 5 SUBJECTS
GAKKEN PLUS

学習内容

生命		学習日	テスト日程
1	身近な生物の観察		
2	植物のからだのつくり		
3	植物の分類		
4	動物の分類		
物質		**学習日**	**テスト日程**
5	物質の性質		
6	状態変化		
7	気体		
8	水溶液		
エネルギー		**学習日**	**テスト日程**
9	光の性質		
10	音		
11	力		
地球		**学習日**	**テスト日程**
12	火山・火成岩		
13	地震		
14	地層・化石		

TO DO LIST

やることをリストにしよう！ 重要度を☆で示し、できたら□に印をつけよう。

□☆☆☆ □☆☆☆

□☆☆☆ □☆☆☆

□☆☆☆ □☆☆☆

□☆☆☆ □☆☆☆

THEME 生命 身近な生物の観察

まだまだ　もう少し　ばっちり

双眼実体顕微鏡の使い方

☐ 各部の名称

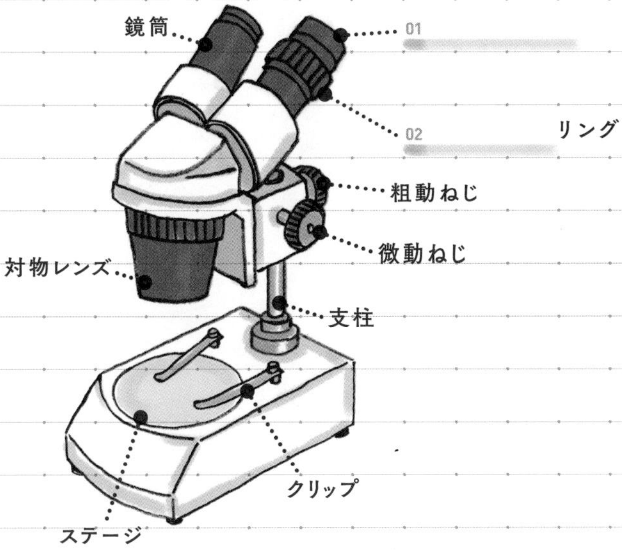

☐ 観察の手順

❶両目で 01 ＿＿＿＿ をのぞきながら，左右の視野が1つに重なって見えるように鏡筒の間隔を調節する。

❷粗動ねじをゆるめて鏡筒を上下させ，両目でおよそのピントを合わせる。さらに，右目だけでのぞきながら，微動ねじでピントを合わせる。

❸左目だけでのぞきながら，02 ＿＿＿＿ リングを回してピントを合わせる。

☐ 双眼実体顕微鏡で見ると，観察するものを 03 ＿＿＿＿ 的に見ることができる。

3D画像で見えるよ。

ルーペの使い方

観察するものを動かせる場合

ルーペはどちらも目に近づけたままだよ。

観察するものを動かせない場合

☐ ルーペを目に近づけたまま観察するものを前後に動かし，よく見える位置をさがす。

☐ ルーペを目に近づけたまま，04 ＿＿＿＿ を前後に動かし，よく見える位置をさがす。

THEME 身近な生物の観察

スケッチのしかた

○ ×

☐ 目的とするものだけをかく。

☐ 細い05 ＿＿＿＿ 本の線で，輪郭（りんかく）をはっきりと表す。（線を重ねてかかない。）

☐ 06 ＿＿＿＿ をつけない。

写真よりも特徴（とくちょう）がはっきりと表せるよ。

☐ 気づいたことをことばでも記録する。

生物の分類のしかた

☐ 生物などをグループに分けることを07 ＿＿＿＿ という。

分類（ぶんるい）の観点

例 すむ場所と，植物か動物かで分類する。

種類＼場所	08 ＿＿＿＿	09 ＿＿＿＿
10 ＿＿＿＿	スイレン，クロモ，オオカナダモ	ホウセンカ，ヒマワリ，サクラ，ヒメジョオン
11 ＿＿＿＿	おたまじゃくし，イワシ，ゾウリムシ，メダカ，クジラ	スズメ，オカダンゴムシ，セイヨウミツバチ

例 移動するか，しないかで分類する。

	移動12 ＿＿＿＿	移動13 ＿＿＿＿
含（ふく）まれる生物	スイレン，ホウセンカ，サクラ，セイヨウタンポポ	クジラ，メダカ，スズメ，オカダンゴムシ，ハナアブ

1

No. 理科
SCIENCE
Date

THE LOOSE-LEAF STUDY GUIDE
★★★
GAKKEN
-PLUS-

THEME 生命 **植物のからだのつくり**

花のつくりとはたらき

☐ 01 _____ ：花をさかせて種子をつくってふえる植物。

02 _____ 植物と裸子植物の 2 つのなかまがある。

被子植物 胚珠が子房の中にある植物。 **例** サクラ，エンドウ，イネ

└─ めしべのもとのふくらんだ部分。

花のつくり **例** アブラナの花

各部のならび方は
決まっているよ。

がく　　　　　花弁（花びら）　　　おしべ　めしべ

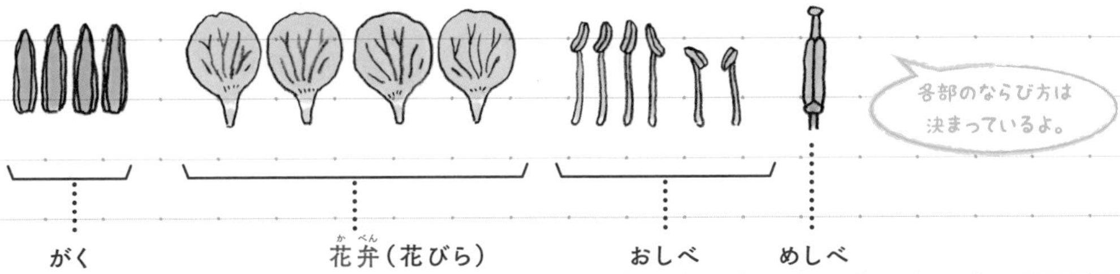

☐ 植物の種類によって，花弁やがく，おしべの数は決まっている。

☐ 花の外側から，がく，03 _____ ，04 _____ ，05 _____ の順。

柱頭：めしべの先の部分。　　　花柱　　やく：花粉が入っている。

柱頭は，ねばりけが
あるなど，花粉が
つきやすくなっている。

めしべ

おしべ

花弁

がく

胚珠 ▶ 受 ▶ 種子

子房 ▶ 粉 ▶ 果実

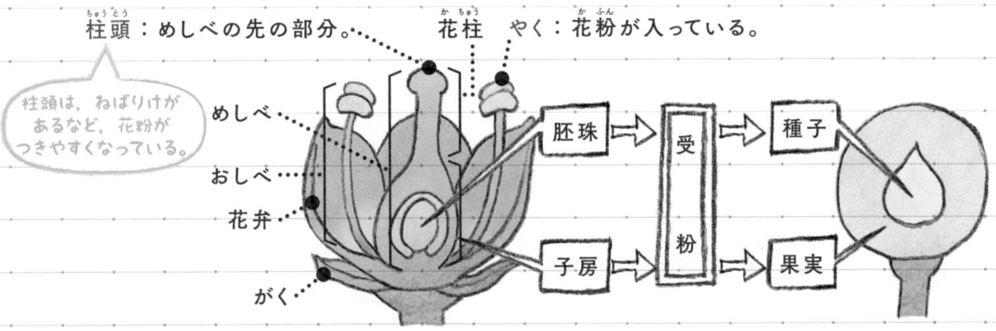

☐ 06 _____ がめしべの柱頭につくことを，07 _____ という。

☐ 07 _____ すると，胚珠 → 08 _____

子房 → 09 _____ になる。

➡ キュウリやトマトは，種子ごと果実を食べている。スイカやオレンジは，

果実から種子をとり除いて食べている。アーモンドなどは，種子の部分

を食べている。

裸子植物 子房がなく，胚珠がむき出しになっている植物。 例 マツ，イチョウ，ソテツ

☐ 花のつくり

10 ＿＿＿＿：子房がなく，りん片に胚珠がむき出しでついている。

まつかさ：雌花が受粉してできる。種子ができるまでに1年以上かかる。

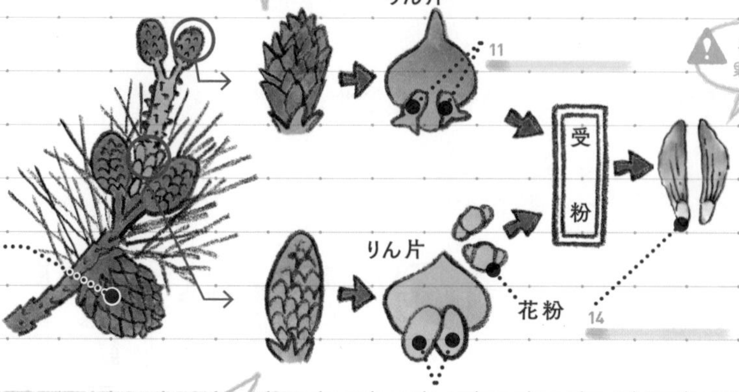

子房がないので果実はできない。

12 ＿＿＿＿：りん片の花粉のうに花粉が入っている。

13 ＿＿＿＿

葉や根のつくり

葉のようす

☐ 葉のすじを 15 ＿＿＿＿ という。

☐ 16 ＿＿＿＿ 脈 例 クヌギ，サクラ

すじが網目状になっている。

☐ 17 ＿＿＿＿ 脈 例 ササ，イネ

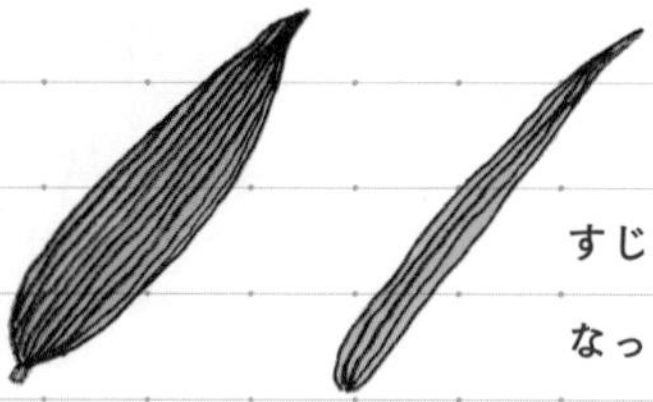

すじが平行になっている。

根のようす

☐ 18 ＿＿＿＿

太い根

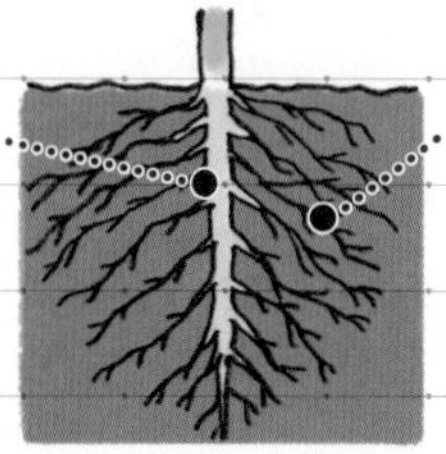

☐ 19 ＿＿＿＿

太い根から出る細い根

☐ 20 ＿＿＿＿ たくさんの細い根が集まってい

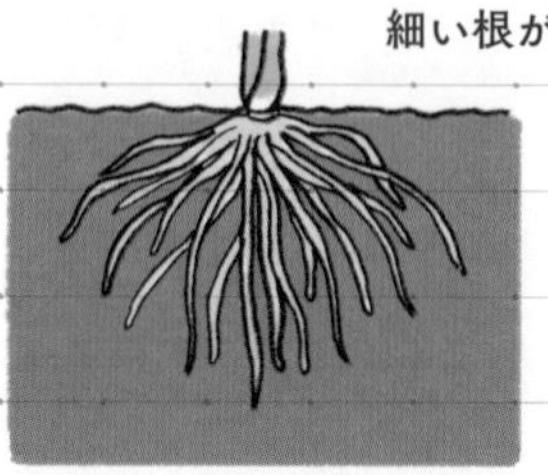

☐ 根の先端近くには，細い毛のような 21 ＿＿＿＿ が生えている。

EME 生命 植物の分類

まだまだ　もう少し　ばっちり

植物の分類

□ 植物は 01 ＿＿＿＿ 植物と，種子をつくらない植物の大きく２つに分類される。

種子植物

□ 胚珠が子房に包まれている被子植物と胚珠がむき出しの裸子植物に分けられる。

被子植物は子葉のちがいによって，双子葉類と単子葉類に分けられる。

	被子植物	
	双子葉類	単子葉類
子葉	2枚 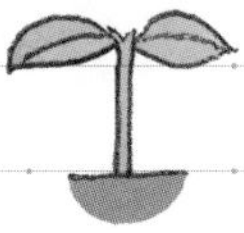	1枚 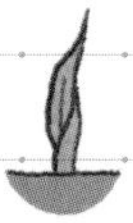
葉脈	02 ＿＿＿＿ 脈 	05 ＿＿＿＿ 脈 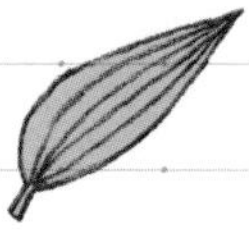
根	03 ＿＿＿＿（太い根）と 04 ＿＿＿＿（細い根） 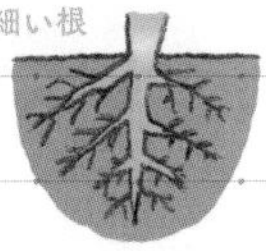	06 ＿＿＿＿ 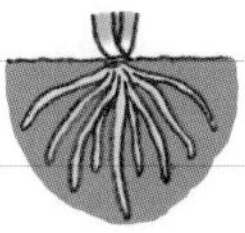
花弁	合弁花類 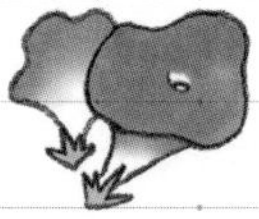 花弁がくっついている。 離弁花類  花弁が離れている。	

THEME 植物の分

種子をつくらない植物

□ 07 ＿＿＿＿＿＿＿ とコケ植物に分けられる。

どちらも種子をつくらず，胞子(ほうし)をつくってなかまをふやす。

<table>
<tr><th></th><th>シダ植物（例 イヌワラビ）</th><th>コケ植物（例 ゼニゴケ）</th></tr>
<tr><td>からだのつくり</td><td>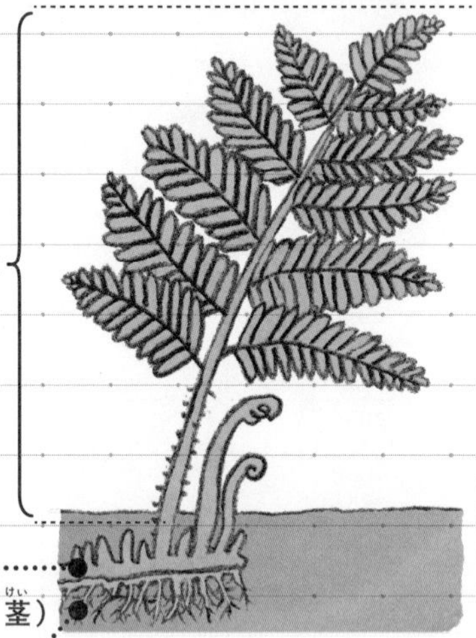
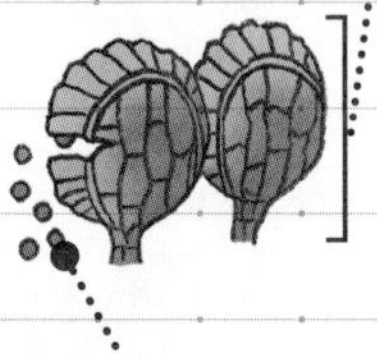
08 ＿＿＿＿＿＿＿
：葉の裏側に多数ある。
胞子をつくる。
09 ＿＿＿＿＿＿＿</td><td>
胞子のう
：雌株にある。
11 ＿＿＿＿＿＿＿
：からだを地面に固定する。
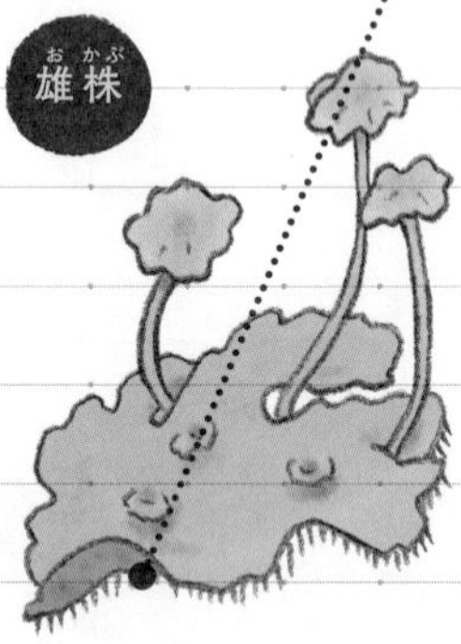</td></tr>
<tr><td>葉・茎・根</td><td>区別が 10 ＿＿＿＿＿＿ 。</td><td>区別が 12 ＿＿＿＿＿＿ 。</td></tr>
<tr><td>水や養分</td><td>根から
水や養分を吸収する。</td><td>からだの表面から
水や養分を吸収する。</td></tr>
<tr><td>同じなかま</td><td>スギナ，ホウライシダ，ヘゴ</td><td>エゾスナゴケ，スギゴケ</td></tr>
</table>

EME 生命 **動物の分類**

まだまだ もう少し ばっちり

脊椎動物

□ 01 ＿＿＿＿ がある動物を脊椎動物という。脊椎動物には，次の５つのグループがある。

特徴＼グループ	魚類	両生類	は虫類	鳥類	哺乳類
子のうまれ方	卵生	02 ＿＿＿＿	卵生	卵生	03 ＿＿＿＿ └母親の体内である程度育ってからうまれること。
体表	04 ＿＿＿＿	湿った皮膚	うろこ	羽毛	毛
呼吸のしかた	えら呼吸	子はえらと皮膚，親は肺と皮膚	05 ＿＿＿＿	肺呼吸	肺呼吸
卵（子）をうむ場所	水中	06 ＿＿＿＿	陸上	陸上	多くは陸上
生活場所	水中	子は水中，親は陸上や水辺	陸上	陸上	多くは陸上
なかまの例	マグロ，イワシ，メダカ	カエル，イモリ，サンショウウオ	ヤモリ，ヘビ，カメ，ワニ	ハト，スズメ，ペンギン	イヌ，ネコ，コウモリ，クジラ

草食動物と肉食動物

目のつき方

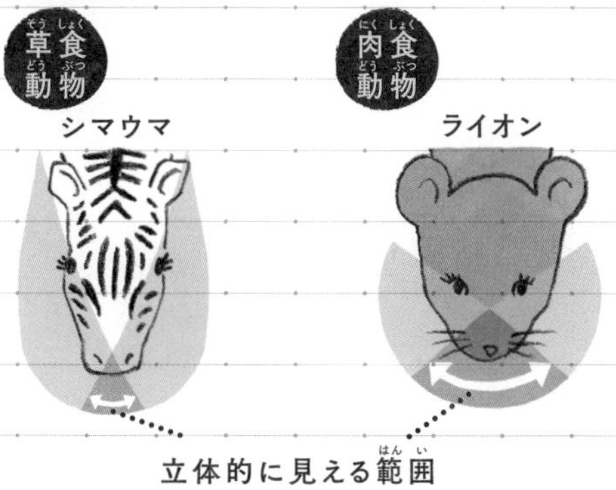

歯の形

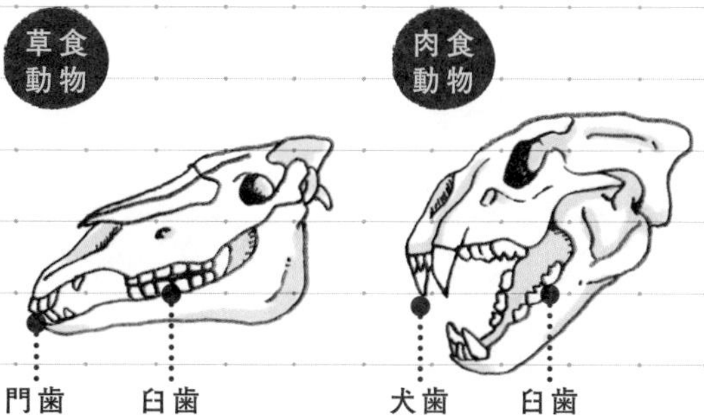

□ 草食動物：07 ＿＿＿＿ が広い。

□ 肉食動物：08 ＿＿＿＿ をはかりやすい。

□ 草食動物：門歯が発達。臼歯は平ら。

□ 肉食動物：犬歯，臼歯が鋭い。

THEME 動物の分

無脊椎動物

☐ (09) ＿＿＿＿ をもたない動物を無脊椎動物(むせきついどうぶつ)という。

無脊椎動物にはいろいろなグループがある。

節足動物(せっそくどうぶつ)

☐ からだの外側はかたい殻(から)((10) ＿＿＿＿)でおおわれる。

☐ からだやあしには多くの (11) ＿＿＿＿ がある。

☐ (12) ＿＿＿＿ して古い (10) ＿＿＿＿ を脱(ぬ)ぎ捨てて成長する。

バッタ：からだは頭部(とうぶ)・胸部(きょうぶ)・腹部(ふくぶ)の3つの部分に分かれる。

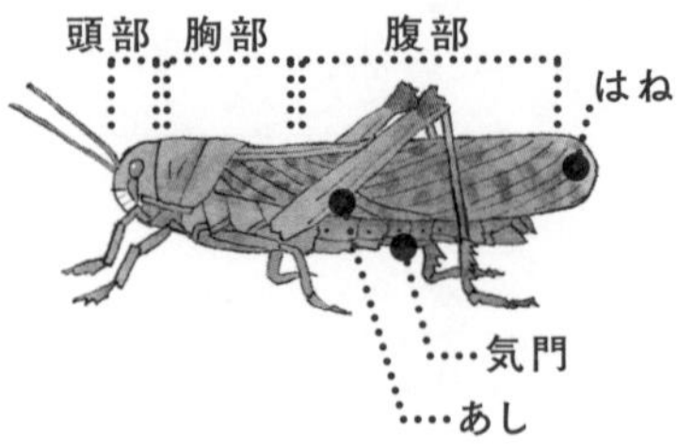

特徴(とくちょう) ＼ グループ	昆虫類(こんちゅうるい)	甲殻類(こうかくるい)	クモ類	ムカデ類・ヤスデ類
呼吸のしかた	(13) ＿＿＿＿ から空気をとり入れる。	多くは (14) ＿＿＿＿	(気管(きかん)などから空気をとり入れる。)	(気門(きもん)などから空気をとり入れる。)
生活場所	水中や陸上	多くは水中	陸上	陸上
なかまの例	カブトムシ，トノサマバッタ	ザリガニ，クルマエビ	コガネグモ，オニグモ	ムカデ，キシャヤスデ

軟体動物(なんたいどうぶつ)

☐ 内臓とそれを包みこむ (15) ＿＿＿＿ ，やわらかいあしをもつ。

☐ (16) ＿＿＿＿ で生活するものが多く，それらは (17) ＿＿＿＿ 呼吸をする。

陸上で生活するマイマイは，肺で呼吸をするよ。

☐ 軟体動物のなかま

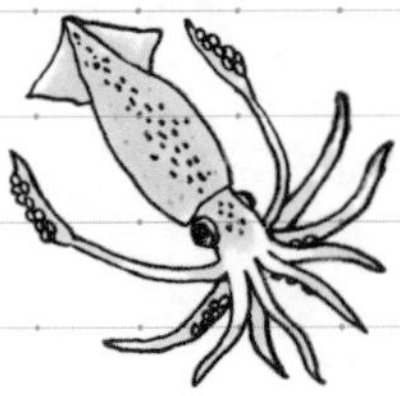

(18) ＿＿＿＿

(19) ＿＿＿＿

アサリ

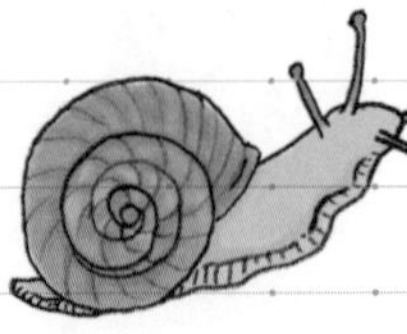

マイマイ

そのほかの無脊椎動物

☐ ミミズやヒル，クラゲやイソギンチャク，ウニやナマコなど。

THEME 物質 # 物質の性質

まだまだ　もう少し　ばっちり

物質の区別

□ 01 ＿＿＿＿：物を使う目的や外観などで区別するときの名前。

例 はさみ，消しゴム，コップなど

□ 02 ＿＿＿＿：物を材料で区別するときの名前。

例 ガラス，プラスチック，ステンレスなど

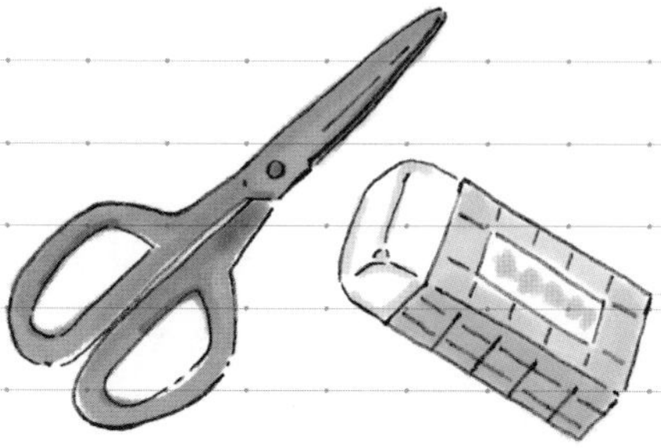

有機物

□ 炭素を含む物質。

❶加熱すると，こげて 03 ＿＿＿＿ ができる。

❷燃えると，04 ＿＿＿＿ と多くの場合水ができる。

砂糖　ろう　プラスチック　エタノール

無機物

□ 有機物以外の物質。

食塩　鉄　ガラス　酸素

⚠ 炭素そのものや二酸化炭素は無機物。

金属

□ 次の共通の性質がある物質。

❶みがくと特有の光沢が出る。

この光沢を 05 ＿＿＿＿ という。

❷たたくと広がり（展性），

引っぱるとのびる（延性）。

❸電気をよく通す。

❹熱をよく伝える。

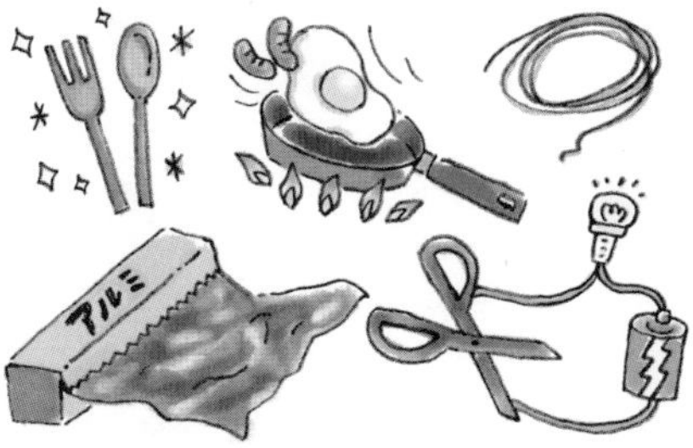

非金属

□ 金属以外の物質。

物質の密度

□ 06 ＿＿＿＿：物質そのものの量。上皿てんびんや電子てんびんではかることができる。

□ 07 ＿＿＿＿：物質1 cm^3 あたりの質量。物質の種類によって決まっている。

└ 物質を見分ける手がかりになる。

$$物質の密度〔g/cm^3〕=\frac{物質の\ 08\ \_\_\_\_〔g〕}{物質の\ 09\ \_\_\_\_〔cm^3〕}$$

□ 密度と物体の浮き沈み

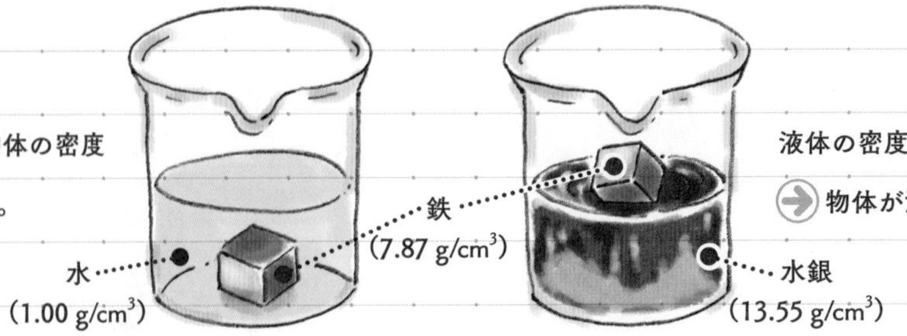

ガスバーナーの使い方

□ 火のつけ方

❶上下2つのねじが閉まっていることを確かめる。

❷元栓を開く。(コックつきの場合はコックも開く。)

❸マッチに火をつけ，ガス調節ねじを少しずつ開いて点火する。

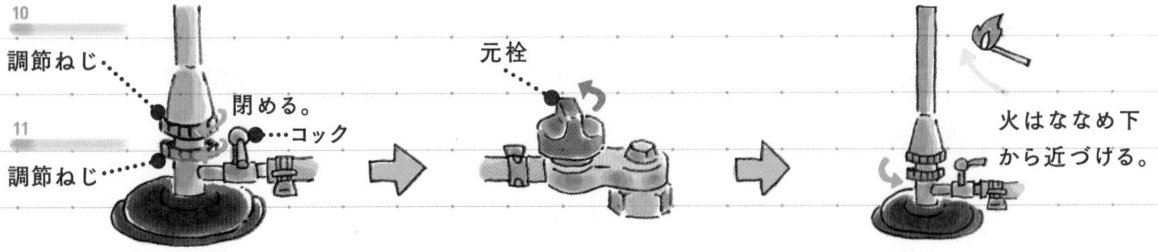

□ 火の消し方

火をつけるときとは逆に，空気調節ねじ→ガス調節ねじの順に閉める。最後に元栓を閉める。

炎を調節するとき

- 12 ＿＿＿＿調節ねじを回して，炎の大きさを調節。
- ガス調節ねじを押さえて，空気調節ねじを少しずつ開き，13 ＿＿＿＿色の炎にする。

1

No. 理科
SCIENCE

THE LOOSE-LEAF STUDY GUIDE
★★★
GAKKEN
-PLUS-

Date

THEME 物質 **状態変化**

□ 物質は固体・液体・気体のいずれかの状態で存在している。

□ 01 ＿＿＿＿＿＿：温度によって物質の状態が，固体⇄液体⇄気体と変化すること。

　　状態変化では，02 ＿＿＿＿は変化するが，質量は変化しない。

物質によっては，直接，固体⇄気体と変化するものもあるよ。

加熱

冷却

加熱　　　加熱

冷却　　　冷却

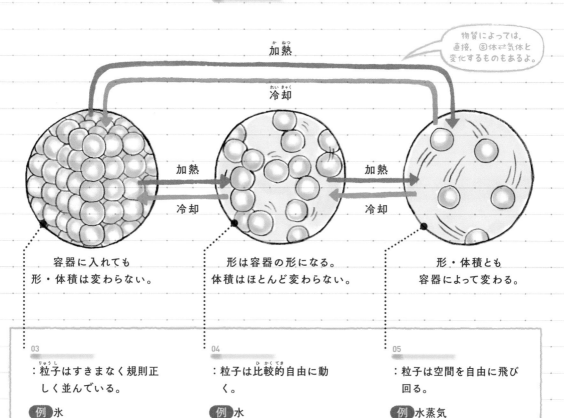

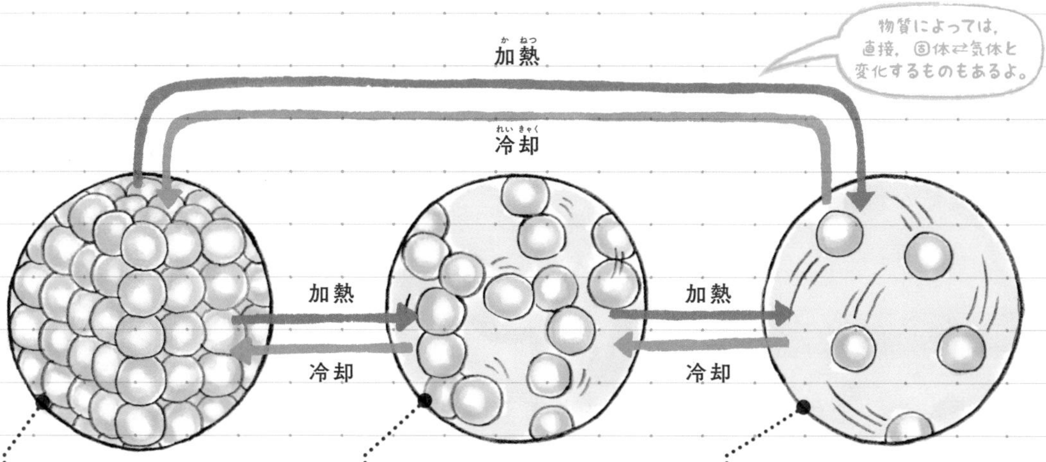

容器に入れても
形・体積は変わらない。

形は容器の形になる。
体積はほとんど変わらない。

形・体積とも
容器によって変わる。

03 ＿＿＿＿
：粒子はすきまなく規則正しく並んでいる。

例 氷

04 ＿＿＿＿
：粒子は比較的自由に動く。

例 水

05 ＿＿＿＿
：粒子は空間を自由に飛び回る。

例 水蒸気

純粋な物質と混合物

□ 06 ＿＿＿＿：1種類の物質でできているもの。

　　例 二酸化炭素，水，塩化ナトリウムなど

□ 07 ＿＿＿＿：いろいろな物質が混じり合ったもの。

　　例 空気，石油，食塩水（塩化ナトリウム水溶液），ろうなど

□ 状態変化するときの温度

08 ________
：液体が沸騰して気体に変化するときの温度。

09 ________
：固体がとけて液体に変化するときの温度。

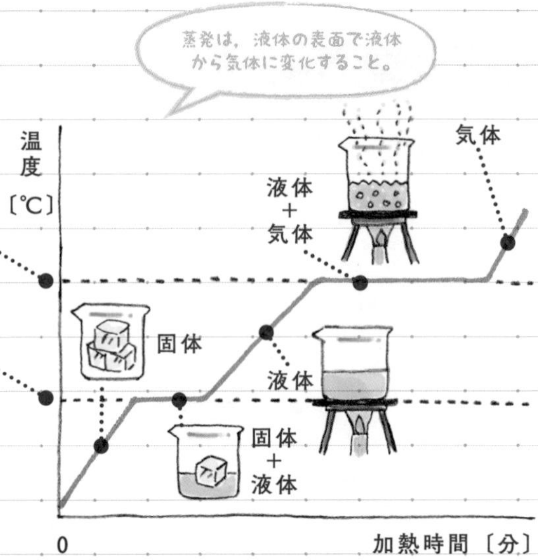

□ 物質がとけている間や沸騰している間は，温度は 10 ________ 。

➔ 純粋な物質は融点，沸点が決まっている。

蒸留

□ 11 ________ ：液体を加熱して，出てくる気体を冷やして再び液体にして集める操作。液体の混合物を蒸留すると，物質の 12 ________ のちがいを利用して，それぞれの物質を分けてとり出すことができる。

□ 水とエタノールの混合物の蒸留

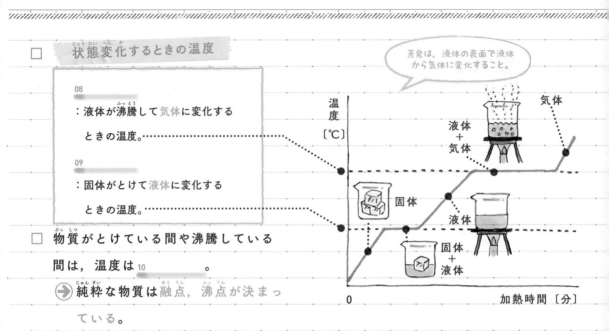

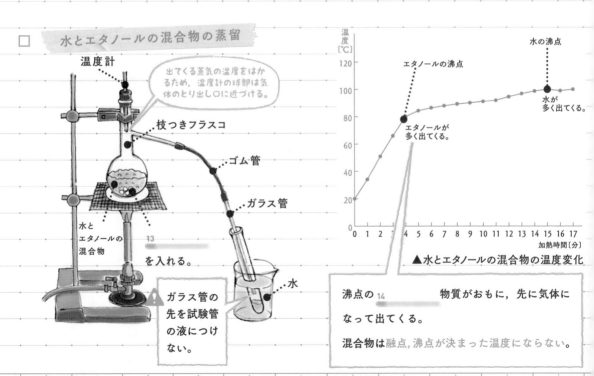

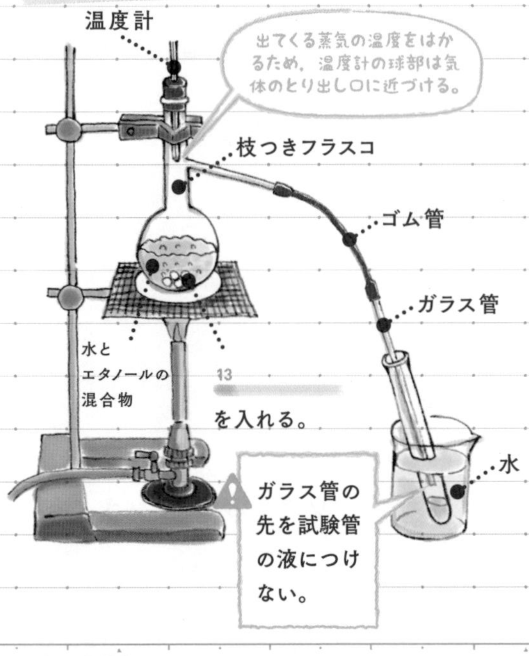

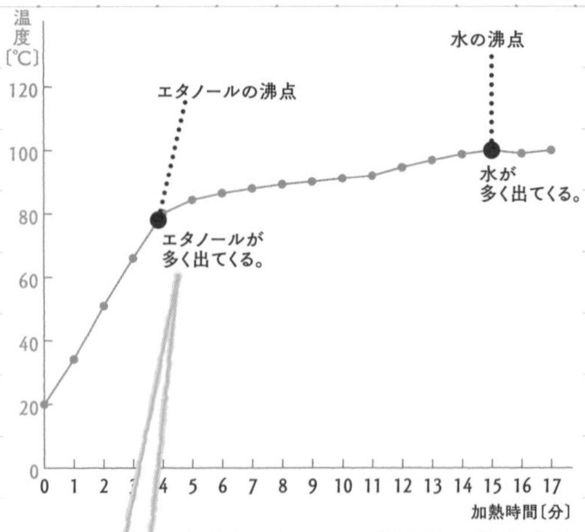

▲水とエタノールの混合物の温度変化

沸点の 14 ________ 物質がおもに，先に気体になって出てくる。

混合物は融点，沸点が決まった温度にならない。

HEME 物質 **気体**

まだまだ　もう少し　ばっちり

身のまわりの気体

□ 気体の集め方：気体の水への溶(と)けやすさや，密度(みつど)の大きさなどで集め方が決まる。

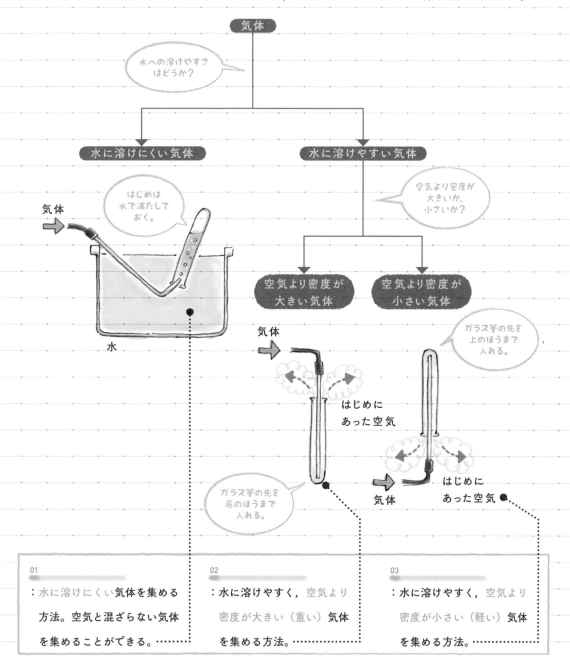

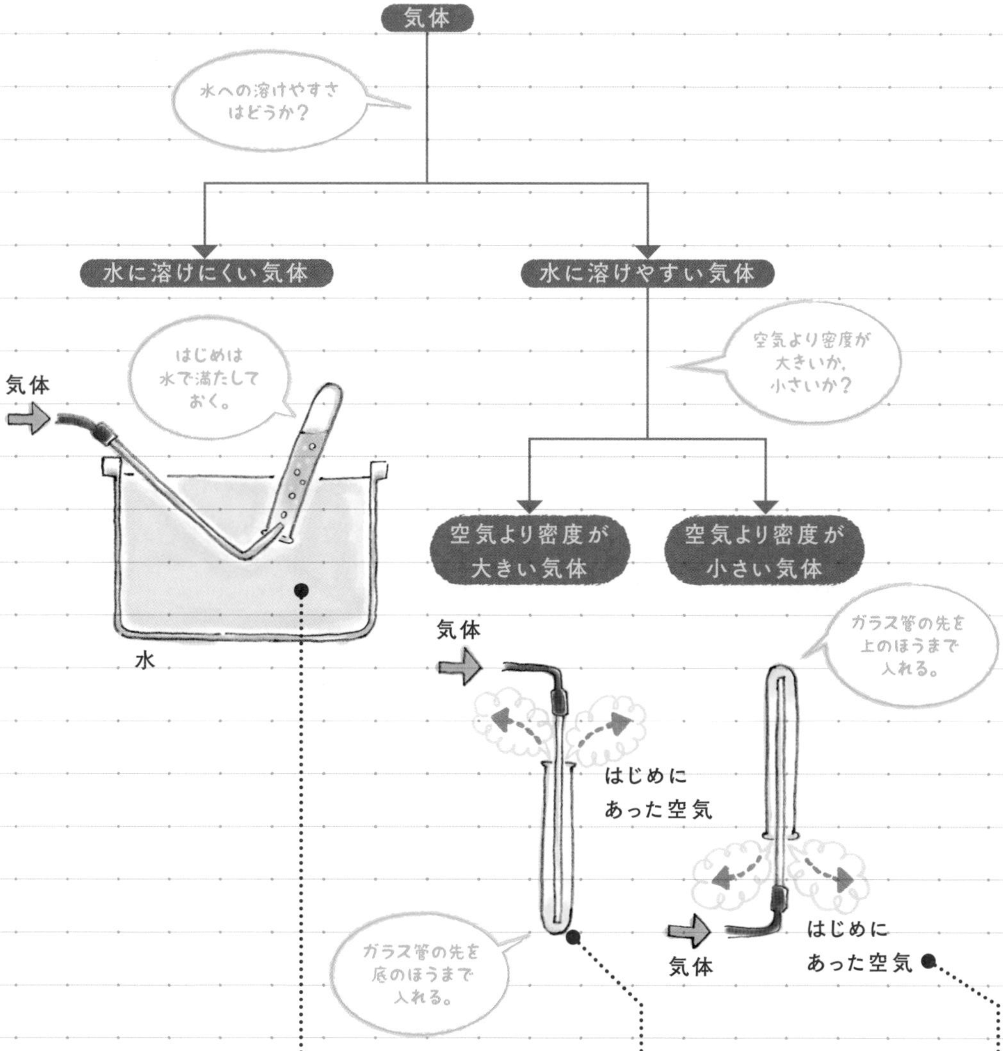

01 ＿＿＿＿＿＿：水に溶けにくい気体を集める方法。空気と混ざらない気体を集めることができる。

02 ＿＿＿＿＿＿：水に溶けやすく，空気より密度が大きい（重い）気体を集める方法。

03 ＿＿＿＿＿＿：水に溶けやすく，空気より密度が小さい（軽い）気体を集める方法。

いろいろな気体とその性質

	酸素	二酸化炭素	水素	窒素	アンモニア
色	ない	ない	ない	ない	ない
におい	ない	ない	ない	ない	刺激臭
空気と比べた密度(重さ)	少し大きい（重い）	大きい（重い）	非常に 04 ＿＿＿＿（軽い）	少し小さい（軽い）	小さい（軽い）
水への溶けやすさ	溶けにくい	少し溶ける	溶けにくい	溶けにくい	非常に 05 ＿＿＿＿
集め方	水上置換法	水上置換法, 06 ＿＿＿＿	水上置換法	07 ＿＿＿＿	上方置換法
その他の性質	ものを燃やすはたらきがある。	・石灰水を白くにごらせる。 ・水に溶けて，水溶液は 08 ＿＿＿＿ を示す。	空気中で火をつけると，音を立てて燃えて 09 ＿＿＿＿ ができる。	空気の体積の約78%を占める。	水に溶けて，水溶液は 10 ＿＿＿＿ を示す。

気体の発生方法

酸素
- 11 ＿＿＿＿＿＿ にうすい過酸化水素水（オキシドール）を加える。
- 湯の中に過炭酸ナトリウム（酸素系漂白剤）を入れる。

二酸化炭素
- 石灰石や貝がらにうすい 12 ＿＿＿＿ を加える。
- 湯の中に発泡入浴剤を入れる。
- 炭酸水素ナトリウムに酢酸を加える。

水素
- 鉄や亜鉛などの金属にうすい 13 ＿＿＿＿ や硫酸を加える。

アンモニア
- 塩化アンモニウムと水酸化カルシウムを混ぜ合わせて加熱する。
- アンモニア水を加熱する。

THEME 物質 水溶液

まだまだ　もう少し　ばっちり

水溶液

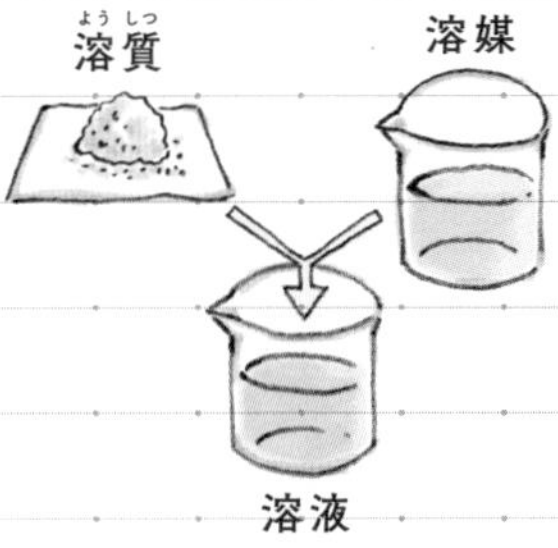

□ 01 ＿＿＿＿＿：溶液に溶けている物質。

□ 02 ＿＿＿＿＿：物質を溶かしている液体。

□ 03 ＿＿＿＿＿：物質が溶けている液体。
水が溶媒の場合を水溶液という。

水溶液とは　❶濃さは均一
❷透明（色のついたものもある。）

□ 砂糖（溶質）が水（溶媒）に溶けるようすのモデル

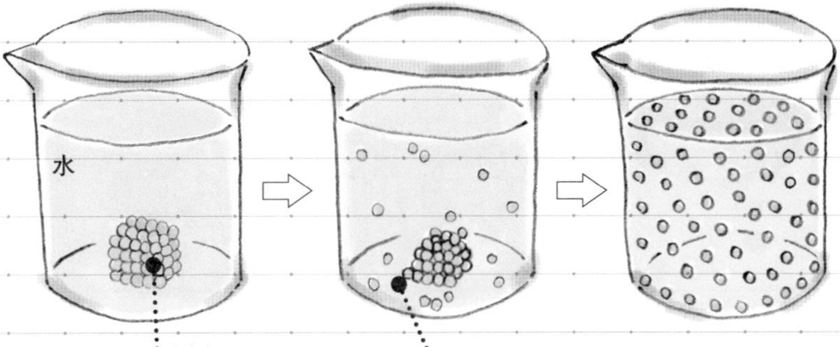

□ 水溶液の濃さ

04 ＿＿＿＿＿：溶液の濃さを，溶質の質量が溶液全体の質量の何％にあたるかで表したもの。

$$質量パーセント濃度〔\%〕 = \frac{\text{05 ＿＿の質量〔g〕}}{\text{06 ＿＿の質量〔g〕}} \times 100$$

$$= \frac{溶質の質量〔g〕}{溶質の質量〔g〕 + \text{07 ＿＿の質量〔g〕}} \times 100$$

例 砂糖 12 g を水 88 g に溶かした砂糖水の質量パーセント濃度は 08 ＿＿＿＿ ％である。

例 質量パーセント濃度が 24％の砂糖水 300 g には，09 ＿＿＿＿ g の砂糖が溶けている。

溶解度

- ☐ 10 ＿＿＿＿：100 g の水に溶ける物質の最大の質量〔g〕の値。
- ☐ 11 ＿＿＿＿：物質が溶解度まで溶けている水溶液。
- ☐ 12 ＿＿＿＿：いくつかの平面で囲まれた規則正しい形をした固体。
- ☐ 13 ＿＿＿＿：一度固体の物質を溶媒に溶かしてから，再び結晶としてとり出すこと。

より純粋な物質が得られる。

温度による溶解度の変化が大きい物質

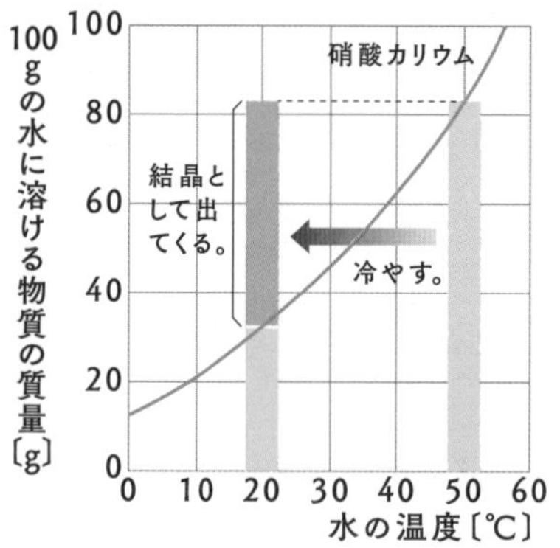

水溶液を冷やして結晶をとり出す。

例 硝酸カリウム，ミョウバンなど

温度による溶解度の変化がほとんどない物質

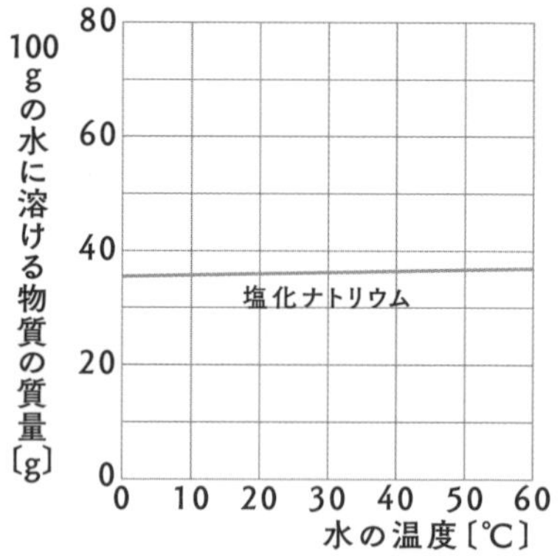

水を 14 ＿＿＿＿ させて結晶をとり出す。

例 塩化ナトリウムなど

☐ ろ過

ろ過：ろ紙などを使って，固体と液体を分けること。

- ろ過する液は 15 ＿＿＿＿ を伝わらせて注ぐ。
- ろうとのあしの先は，とがったほうをビーカーの壁につける。

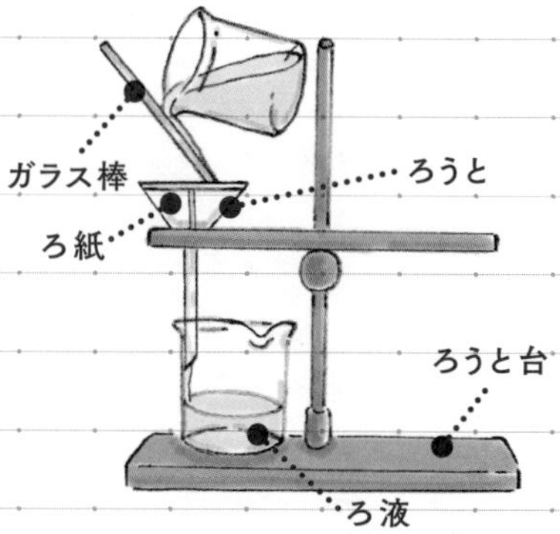

THEME エネルギー 光の性質

まだまだ　もう少し　ばっちり

光の進み方

☐ 光の 01 ＿＿＿＿ ：光がまっすぐ進むこと。

☐ 光の 02 ＿＿＿＿ ：光が物体(ぶったい)の表面ではね返ること。

光の反射の法則
光が反射するとき，入射角(にゅうしゃかく)＝反射角(はんしゃかく)

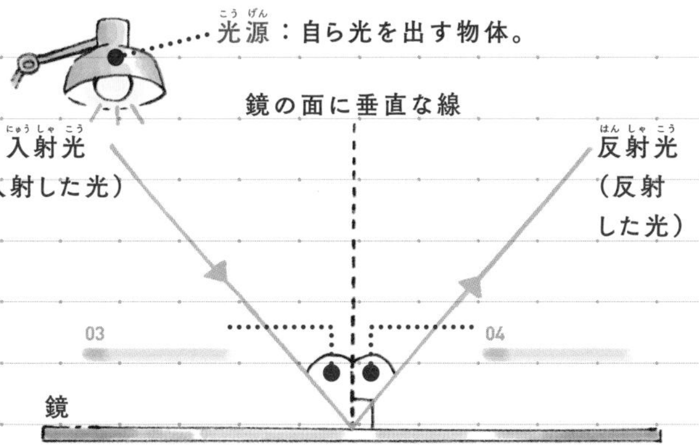

物体の表面には小さな凹凸(おうとつ)があるため，光はさまざまな向きに反射する。（乱反射(らんはんしゃ)）
➡ 物体はどの方向からも見える。

☐ 光の 05 ＿＿＿＿ ：異なる物質(ぶっしつ)の境界面で，光が折れ曲がって進むこと。

光が空気からガラスや水へ進むとき

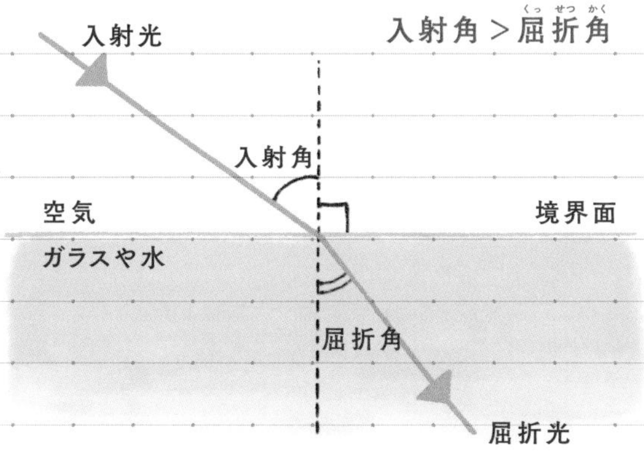

光がガラスや水から空気へ進むとき

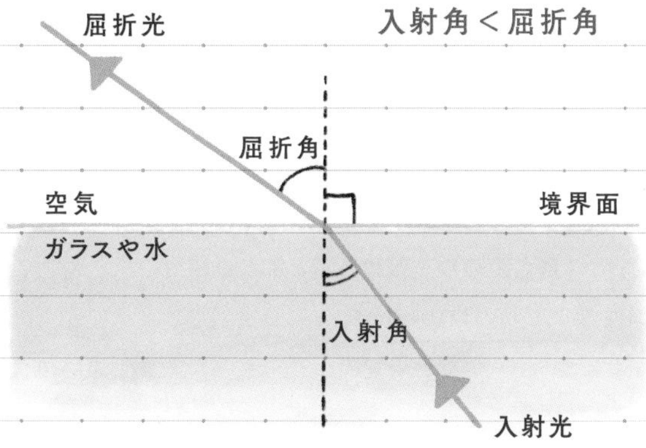

☐ 06 ＿＿＿＿ ：光が屈折しないで，境界面ですべて反射すること。

水面を下から見ると，魚が水面に映って見える。

光ファイバーは全反射(ぜんはんしゃ)を利用して，光を遠方まで伝える。

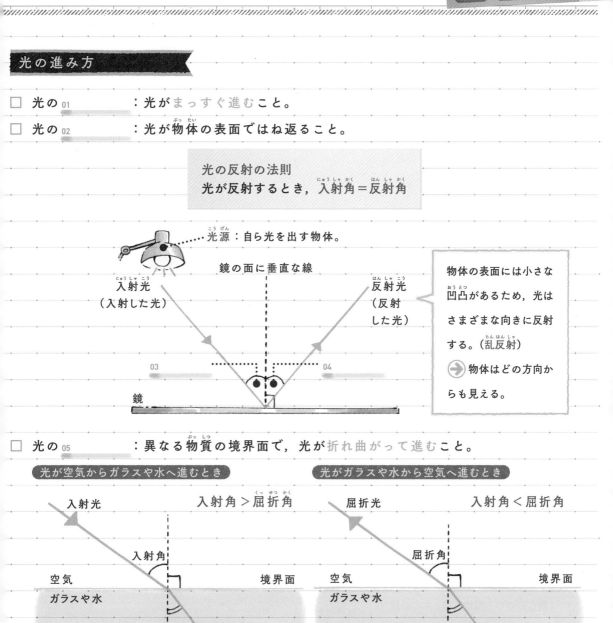

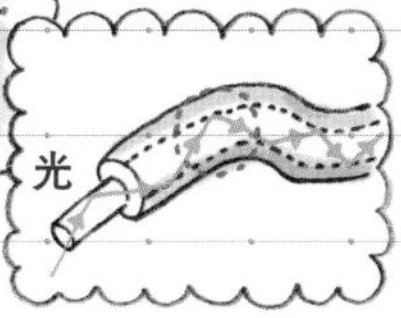

凸レンズのはたらき

□ 凸(とつ)レンズ：中央が厚く，光を屈折(くっせつ)させて集めるはたらきのあるレンズ。

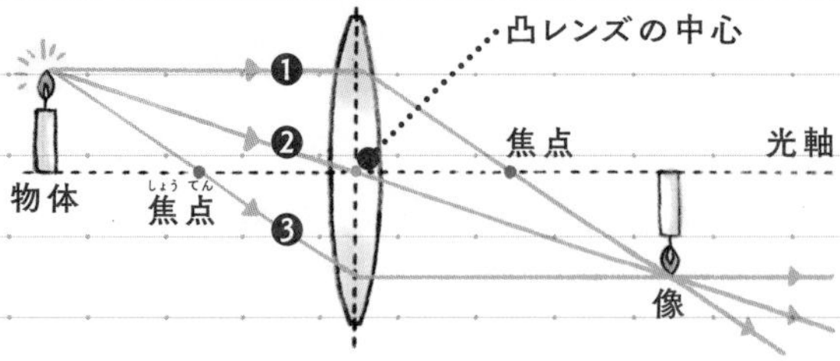

❶光軸に平行な光は，凸レンズを通った後，焦点を通る。
❷凸レンズの中心を通る光は直進する。
❸焦点を通る光は，凸レンズを通った後，光軸に平行に進む。

□ 07

：光軸(こうじく)（凸レンズの軸(じく)）に平行に進む光が，凸レンズで屈折して集まる点。

□ 08

：凸レンズの中心から焦点までの距離(きょり)。

□ 09 ：光が実際に集まってできる像。物体(ぶったい)と上下左右が逆向きになる。

□ 10 ：光は集まらず，凸レンズを通して見える像。物体と同じ向きになる。

□ 凸レンズでできる像

物体の位置	できる像の位置	像の種類	像の向き	像の大きさ
焦点距離の2倍より遠い位置 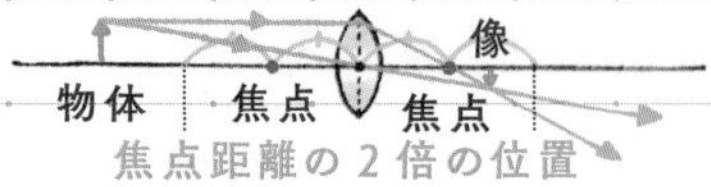	焦点と焦点距離の2倍の位置の間	実像(じつぞう)	上下左右が逆向き	物体より 11
焦点距離の2倍の位置 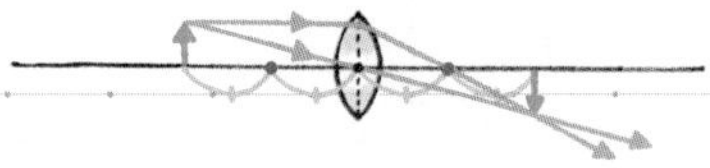	焦点距離の2倍の位置	12	上下左右が逆向き	物体と同じ
焦点距離の2倍の位置と焦点の間 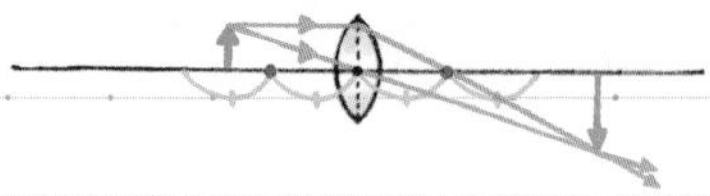	焦点距離の2倍より遠い位置	実像	上下左右が逆向き	物体より大きい
焦点 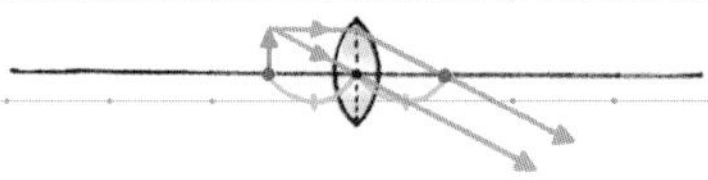	像はできない。			
焦点よりも近い位置 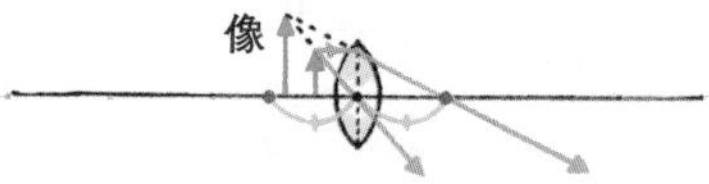	凸レンズを通して像が見える。	13	物体と同じ向き	物体より大きい

THEME エネルギー 音

まだまだ　もう少し　ばっちり

音の伝わり方

- ☐ 01 ＿＿＿＿：振動して音を出しているもの。
- ☐ 音の伝わり方：音源の振動が物質中を 02 ＿＿＿＿ として伝わる。
- ☐ 音を伝える物質：空気などの気体，水などの液体，金属などの固体の中を伝わる。
- ☐ 空気中での音の伝わり方

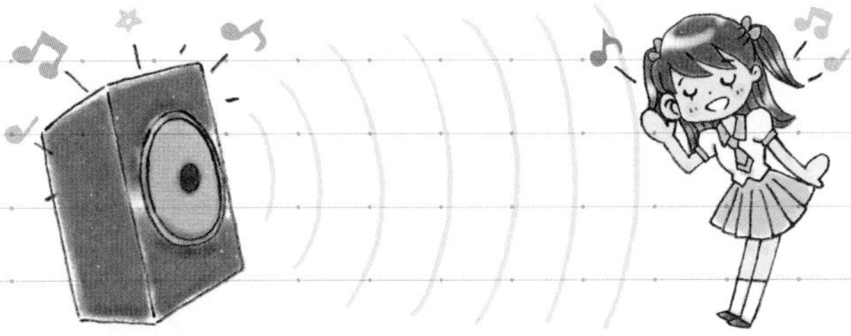

空気の振動が鼓膜を振動させ，音として感じる。

- ☐ 空気が音を伝えることを調べる実験

実験　容器の空気を抜いていく。
→ ブザーの音が聞こえにくくなる。
容器に空気を入れていく。
→ ブザーの音が 03 ＿＿＿＿ ようになる。

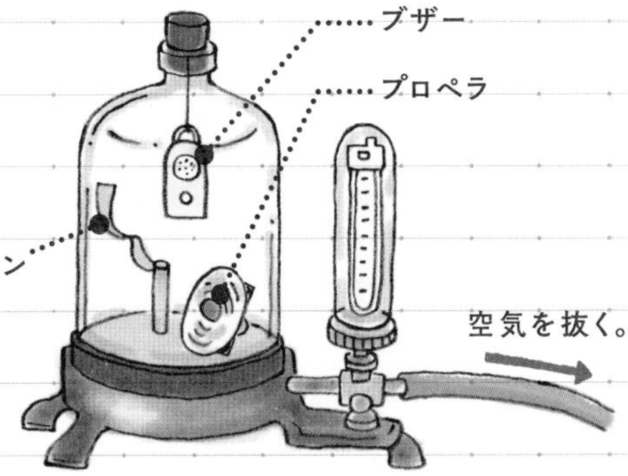

音の伝わる速さ

- ☐ 音の伝わる速さ：空気中を約 340 メートル毎秒（340 m/s）の速さで進む。

$$\text{音の速さ〔m/s〕} = \frac{\text{音が伝わる 04 ＿＿＿＿〔m〕}}{\text{音が伝わる 05 ＿＿＿＿〔s〕}}$$

- ☐ 光の速さ：約 30 万 km/s。

例 部屋の窓から花火が光るのを見てから 3 秒後に音が聞こえた。このときの花火から部屋までの距離は約 06 ＿＿＿＿ m である。

音の大小と高低

□ 07 ＿＿＿＿＿：振動の振れ幅。

□ 08 ＿＿＿＿＿：1秒間に振動する回数。単位：ヘルツ（記号 Hz）

振幅と音の大きさ 弦の長さを一定にして，はじく強さを変える。

強くはじく→大きい音	弱くはじく→小さい音
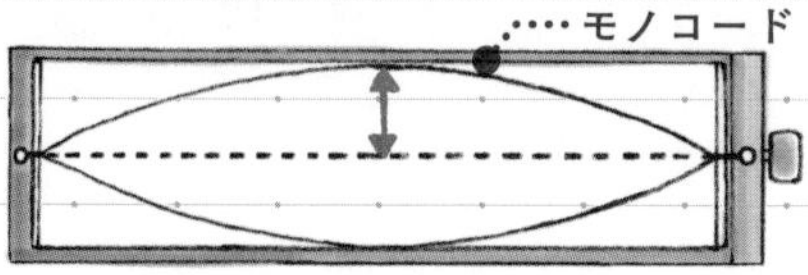	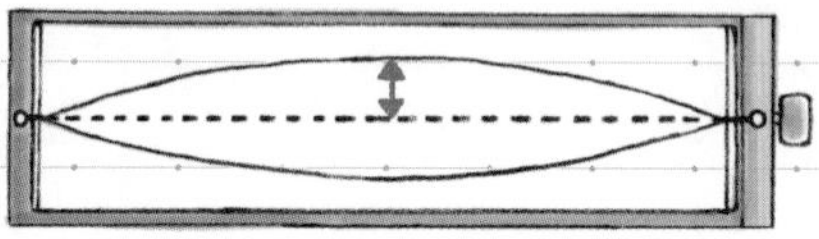
振幅：09 ＿＿＿＿＿	振幅：10 ＿＿＿＿＿

振動数と音の高さ 弦をはじく強さを一定にして，振動する部分の長さを変える。

振動する部分が短い→高い音	振動する部分が長い→低い音
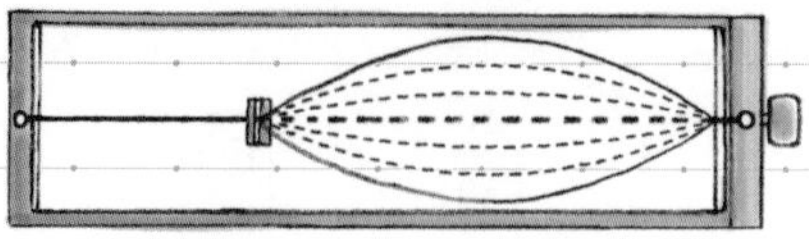	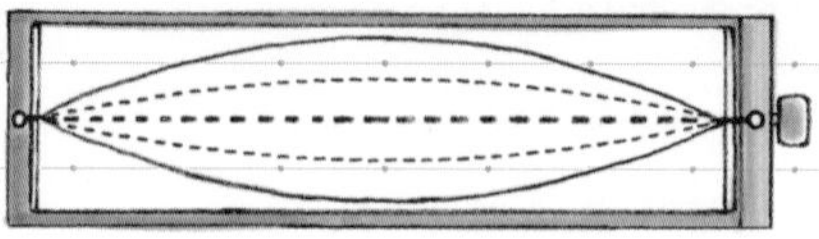
振動数：11 ＿＿＿＿＿	振動数：12 ＿＿＿＿＿

□ **オシロスコープの波形と音** オシロスコープを使うと音は波の形（波形）で表される。

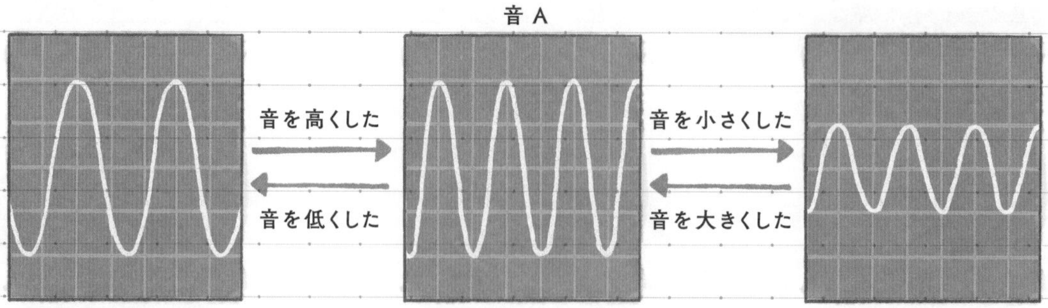

音Aと振幅は同じだが，振動数は 13 ＿＿＿＿＿。

オシロスコープの縦軸は振幅，横軸は時間を表すよ。

音Aと振動数は同じだが，振幅は 14 ＿＿＿＿＿。

THEME エネルギー 力

まだまだ　もう少し　ばっちり

力のはたらき

☐ 力のはたらき

❶物体の形を変える。

❷物体の動きを変える。

❸物体を 01 ＿＿＿＿＿＿ 。

☐ **いろいろな力**

弾性力（弾性の力）：変形した物体がもとにもどろうとして生じる力。

重力：地球が，その 02 ＿＿＿＿ に向かって物体を引く力。

03 ＿＿＿＿ の力：かみの毛をこすった下じきがかみの毛を引き寄せるなど，電気がたまった物体に生じる力。（電気力ともいう！）

磁力（磁石の力）：磁石の極と極の間にはたらく力。

重力，電気の力，磁力は，物体どうしが離れていてもはたらく力だよ。

力の大きさ

☐ 単位：ニュートン（記号N）で表す。

1Nは約 04 ＿＿＿＿ gの物体にはたらく重力の大きさにほぼ等しい。

☐ **力の大きさとばねののびの関係**

法則名 05 ＿＿＿＿＿＿ ：ばねののびは，ばねに加えた力の大きさに比例するという関係。

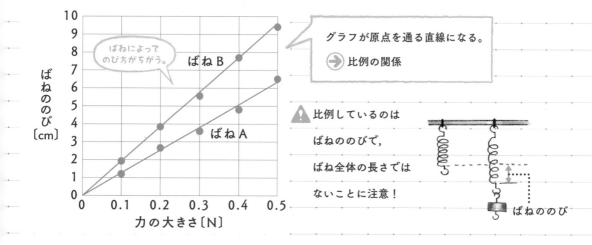

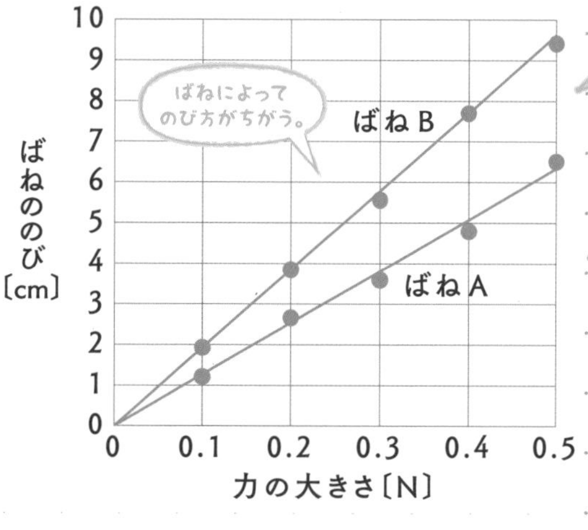

グラフが原点を通る直線になる。

➜ 比例の関係

⚠ 比例しているのはばねののびで，ばね全体の長さではないことに注意！

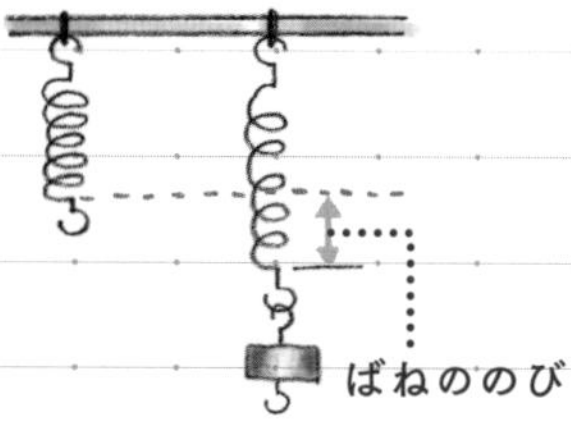

力の図示

☐ 力の表し方：力の三要素を矢印で表す。

☐ 力の三要素

❶力の大きさ：矢印の長さ。

力の大きさに比例させる。

❷力の向き：矢印の 06 ＿＿＿＿ 。

❸作用点(さようてん)：力がはたらく点。矢印の始点「・」。

2力のつり合い

☐ 1つの物体(ぶったい)に2つ以上の力がはたらいていて，物体が静止しているとき，物体にはたらく力はつり合っているという。

☐ 2力がつり合う条件

1つの物体にはたらく2つの力が，

❶一直線上にあるとき，

❷向きが 07 ＿＿＿＿ 向きであるとき，

❸大きさが 08 ＿＿＿＿ とき，

➜ 2つの力は，つり合っている。

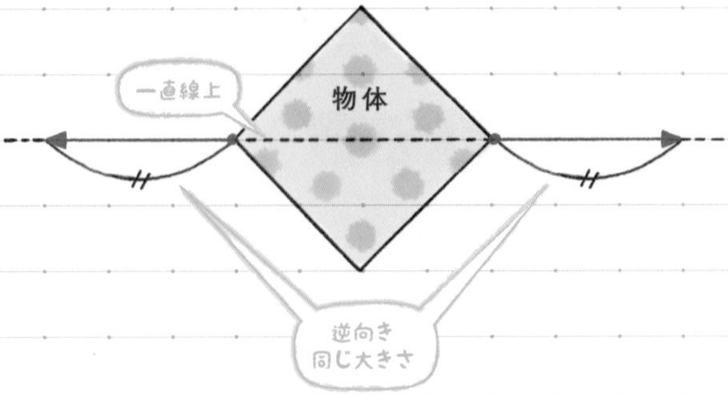

☐ 垂直抗力(すいちょくこうりょく)と摩擦力(まさつりょく)

09 ＿＿＿＿ ：物体に押(お)された面が，物体を垂直に押し返す力。

10 ＿＿＿＿ ：2つのふれ合っている物体の面の間で，動くのをさまたげようとする力。

重さと質量

☐

重さ	質量(しつりょう)
・物体にはたらく 11 ＿＿＿＿ の大きさ。 単位：N ・はかる場所によって変化する。	・物体（物質）そのものの量。 単位：g，kg ・場所が変わっても変化しない。 （月面上でも同じ）

月面での重さは，地球上での重さの約 $\frac{1}{6}$ になる。

EME 地球 火山・火成岩

まだまだ　もう少し　ばっちり

火山の噴火

☐ 01 ＿＿＿＿＿＿：地下にある岩石が高温のためにどろどろにとけた物質。

☐ 02 ＿＿＿＿＿＿：地下のマグマが地表付近まで上昇してふき出すこと。

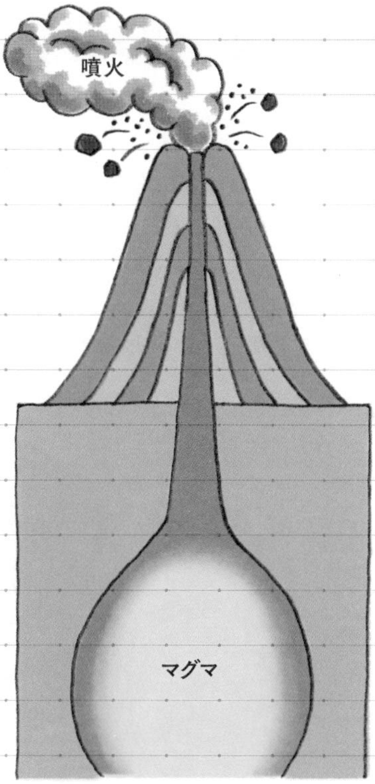

☐ 火山噴出物

03 ＿＿＿＿＿＿：マグマから出てきた気体。ほとんど水蒸気。

04 ＿＿＿＿＿＿：直径 2 mm 以下の溶岩の破片。

05 ＿＿＿＿＿＿：ふき飛ばされたマグマが空中で冷え固まって特徴的な形になったもの。

06 ＿＿＿＿＿＿：マグマが地表に噴出したもの。

軽石：表面に小さな穴がある。白っぽい。

☐ マグマのねばりけと火山の形

マグマのねばりけが強いか弱いかによって，火山の形や噴火のようすなどにちがいがある。

マグマのねばりけ	07 ＿＿＿＿＿＿	←（中程度）→	08 ＿＿＿＿＿＿
火山の形	盛り上がった形 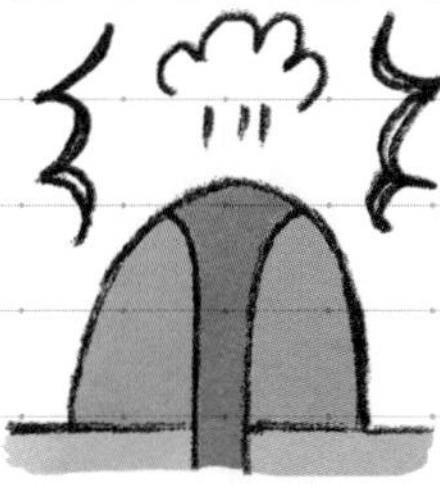	円すいの形 	傾斜のゆるやかな形 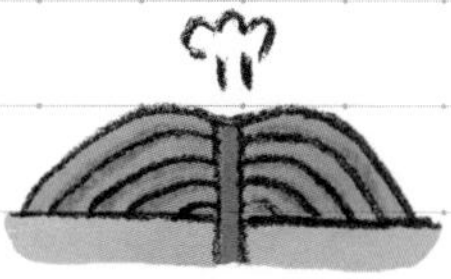
噴火のようす	激しい爆発的な噴火	←（中程度）→	おだやかな噴火
溶岩や火山灰の色	09 ＿＿＿＿＿＿	←（中程度）→	10 ＿＿＿＿＿＿
火山の例	昭和新山，雲仙普賢岳	桜島，浅間山	マウナロア，キラウエア

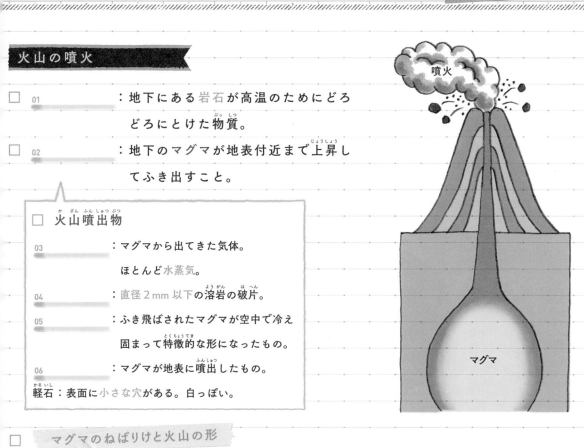

THEME 火山・火成岩

火成岩

- □ 鉱物：マグマが冷えて，一定の形や色などをした結晶になったもの。
- □ 火成岩：マグマが冷え固まってできた岩石。11 ＿＿＿＿ と 12 ＿＿＿＿ に大別される。

	火山岩	深成岩
でき方	地表付近で急に冷え固まった。	地下深くでゆっくり冷え固まった。
つくり	13 ＿＿＿＿ 組織 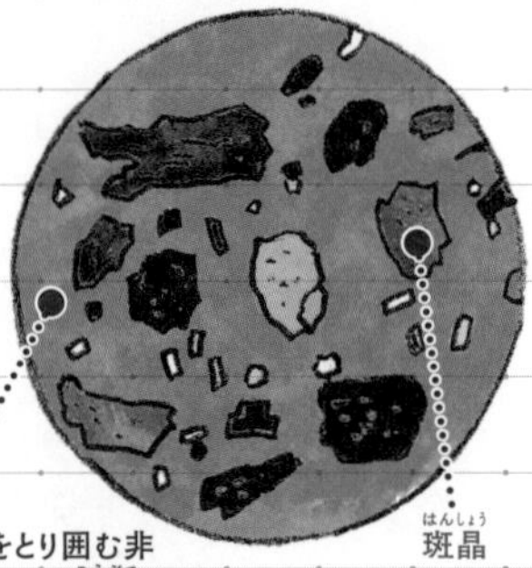 石基：斑晶をとり囲む非常に小さい鉱物の集まり。 斑晶：大きな鉱物の部分。	14 ＿＿＿＿ 組織 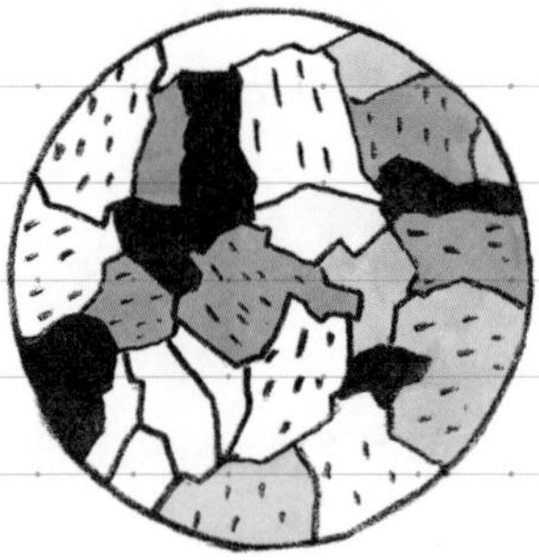 同じくらいの大きさの鉱物が並んでいる。

□ **火成岩の分類**

火成岩のつくりと含まれる鉱物の種類や量で次のように分類できる。

	火成岩		多く含まれるおもな鉱物	
	火山岩	深成岩	15 ＿＿＿＿ 鉱物	16 ＿＿＿＿ 鉱物
白っぽい	流紋岩	花こう岩	石英，長石	黒雲母
↕	安山岩	せん緑岩	長石	輝石，カクセン石
黒っぽい	玄武岩	斑れい岩	長石	輝石，カンラン石

火山による恵みと災害

- □ 火山による恵み：美しい景観，温泉，地熱発電など。
- □ 噴出する巨大岩石：建物を破壊する。
- □ 噴出する 17 ＿＿＿＿ ：森林や家屋を焼く。冷え固まると地形を変える。
- □ 噴出する 18 ＿＿＿＿ ：風に運ばれて被害を広げる。
- □ その他の災害：火砕流・泥流・土石流による被害，有毒な火山ガスなど。

THEME 地球 **地震**

まだまだ もう少し ばっちり

地震

□ **地震**：地下の岩石に力が加わり，その力に耐えられなくなった岩石が破壊され，岩盤がずれて起こる大地のゆれ。

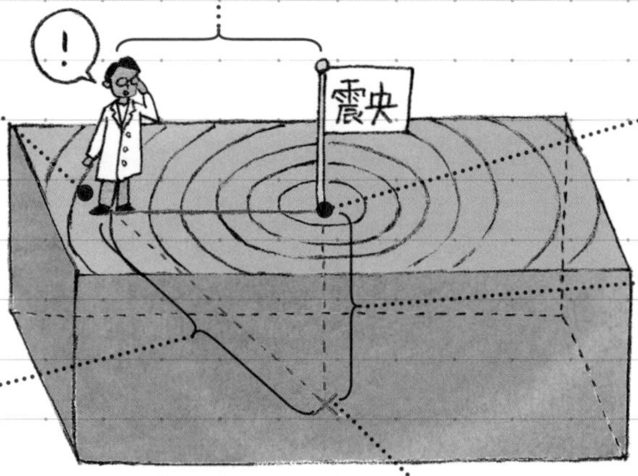

03	マグニチュード（記号 M）
地震のゆれの程度。観測点により変わる。	地震そのものの規模の大小を表す。
0～7の10段階。	1つの地震に対して1つの値がある。

5，6は強・弱の2段階

マグニチュードが1大きくなると，地震のエネルギーは約32倍になる！

□ **地震のゆれ**：P波による初期微動とS波による主要動の2種類がある。P波とS波は震源で同時に発生する。

04 波が到着。
05 波が到着。
➡ この到着時刻の差を利用して，緊急地震速報が出される。

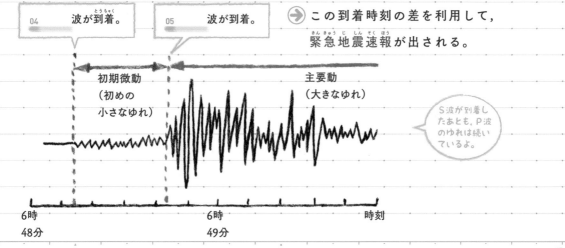

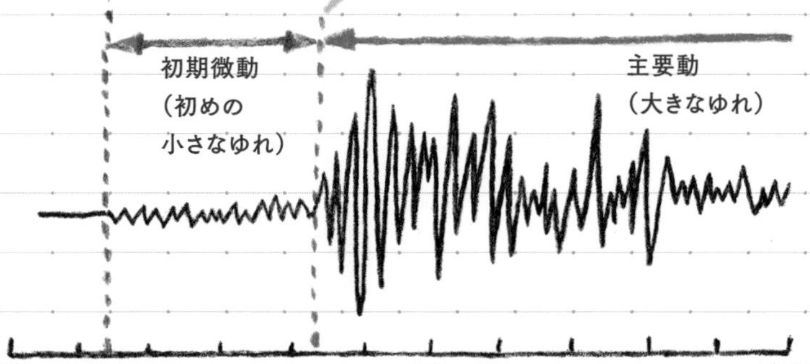

S波が到着したあとも，P波のゆれは続いているよ。

地震のゆれの伝わり方

☐ 06 ＿＿＿＿＿：初期微動が始まってから主要動が始まるまでの時間。
P－S時間ともいう。

☐ 震源距離と初期微動継続時間の関係

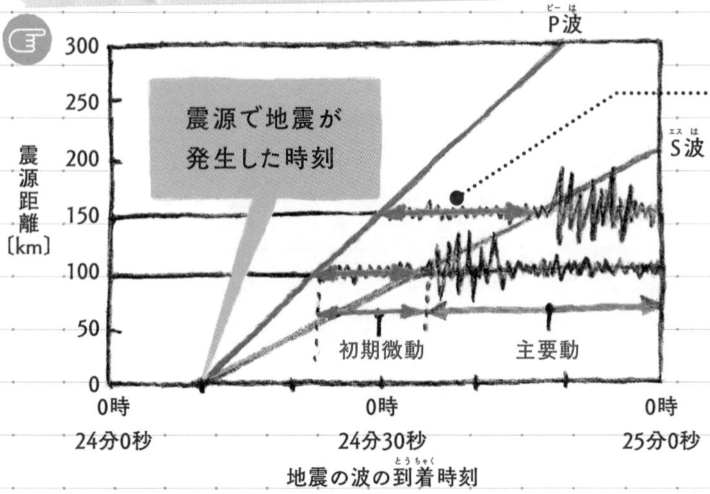

震源距離が大きいほど，初期微動継続時間は 07 ＿＿＿＿ なる。

日本列島の地震

☐ 08 ＿＿＿＿：地球の表面をおおう岩石の層。
日本列島付近には4つのプレートが集まっている。
└ユーラシアプレート，北アメリカプレート，太平洋プレート，フィリピン海プレート

☐ 日本付近の震央の分布：太平洋側に多い。

☐ 日本付近の震源の深さ：太平洋側は浅く，
日本海側に向かうにつれて 09 ＿＿＿＿ なる。

☐ 10 ＿＿＿＿：過去に生じた断層で，今後もくり返し地震（内陸型地震）を起こす可能性がある断層。

☐ 地震による災害

がけくずれ，地割れ，道路や建物の破壊，
地面が流動的になる 11 ＿＿＿＿ 化現象，
震源が海底の場合，12 ＿＿＿＿ などが発生する。
その他，土地の隆起・沈降など。

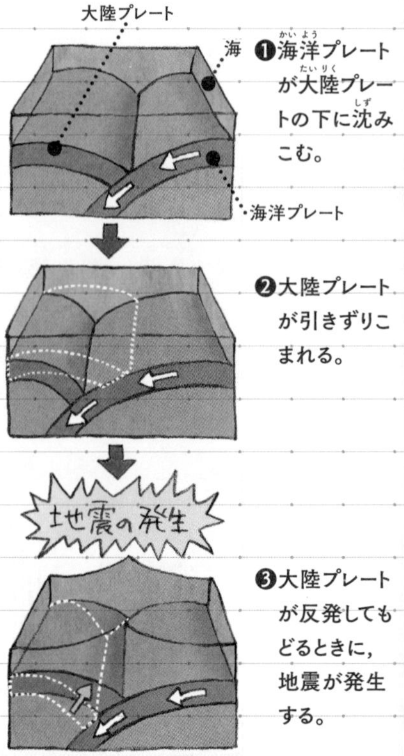

大陸プレート
海
海洋プレート
❶海洋プレートが大陸プレートの下に沈みこむ。
❷大陸プレートが引きずりこまれる。
地震の発生
❸大陸プレートが反発してもどるときに，地震が発生する。

THEME 地球 地層・化石

まだまだ　もう少し　ばっちり

地層のでき方

- ☐ 01 ＿＿＿＿：気温の変化や水などで岩石が表面からくずれていく現象。
- ☐ 02 ＿＿＿＿：風や流水のはたらきで，岩石がけずられていくこと。
- ☐ 03 ＿＿＿＿：れきや砂などが流水のはたらきで下流に運ばれること。
- ☐ 04 ＿＿＿＿：運搬されたれきや砂などが流れのゆるやかなところで積もること。

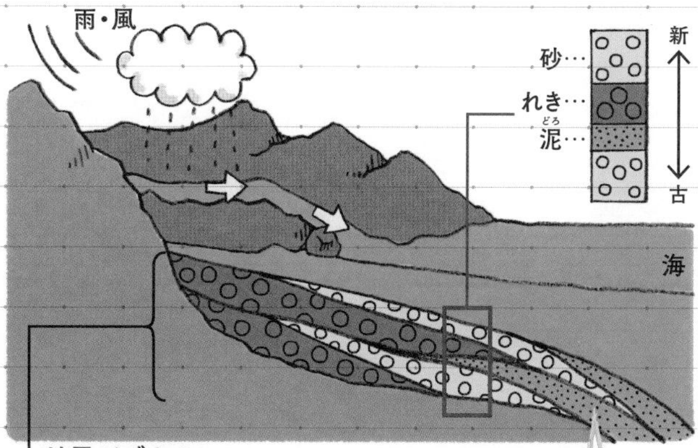

地層ができる。
堆積した土砂の上にちがう性質の土砂が堆積してできた層

岸から離れるほど，堆積する粒は小さい。

☐ 05 ＿＿＿＿：地層をつくっている堆積物が，長い時間をかけて押し固められてできた岩石。化石を含むことがある。

	れき岩	砂岩	泥岩
岩石や鉱物の破片でできた堆積岩 ➡ 流水のはたらきでできたので，粒は丸みを帯びている。	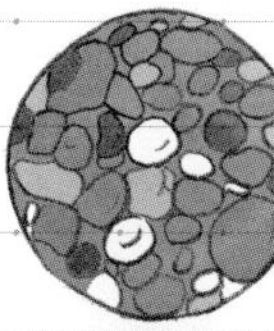	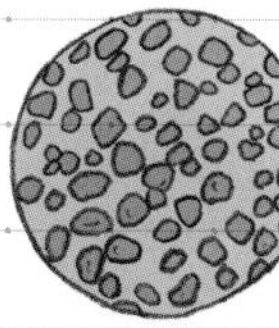	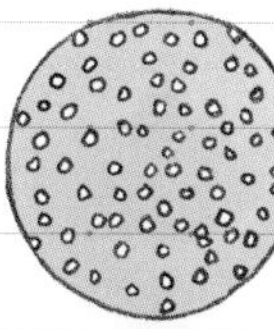
	大	←粒の大きさ→	小
	直径2 mm 以上	直径2～0.06 mm	直径 0.06 mm 以下

生物の死がいなどからできた堆積岩	06 ＿＿＿＿	炭酸カルシウムを含む生物の死がいや，海水中の炭酸カルシウムなどが堆積して固まってできた。 💡 うすい塩酸をかけると気体（二酸化炭素）が発生する。傷がつきやすい。
	チャート	二酸化ケイ素の殻をもつ生物の死がいなどが堆積して固まってできた。 💡 うすい塩酸をかけても気体は 07 ＿＿＿＿。石灰岩よりかたい。
火山噴出物でできた堆積岩	凝灰岩	火山灰や軽石などが堆積して固まってできた。 💡 粒は角ばっている。

地層の変形とつながり

☐ 地層に大地の変動による大きな力がはたらき，08 ＿＿＿＿ や 09 ＿＿＿＿ ができる。

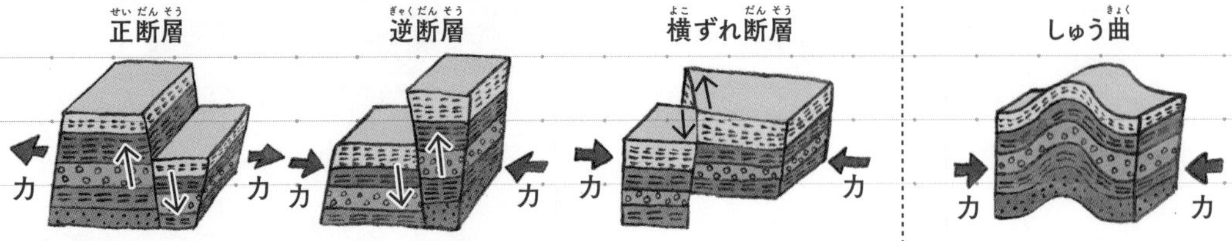

☐ 複数の地点の露頭の観察や，柱状図の比較から，地層の広がり方がわかる。

火山灰の層があれば離れていても同時代にできた地層だとわかる！

鍵層：離れた地層を比較するときの目印となる層。

例 火山灰の層

化石

☐ 10 ＿＿＿＿ ：生物の死がいや生活した跡などが地層（岩石）中に残ったもの。

☐ 11 ＿＿＿＿ ：地層や化石をもとにした地球の歴史の時代区分。

☐

示相化石	示準化石
・地層が堆積した当時の 12 ＿＿＿＿ を知ることができる。 ・生きられる環境が限られた生物が適する。	・地層が堆積した 14 ＿＿＿＿ を知ることができる。 ・広い範囲にすみ，短い期間に栄えた生物が適する。

例 サンゴ：あたたかくてきれいな 13 ＿＿＿＿（深さ）海。
シジミ：湖や，海水の混じる河口。
ホタテ：水温の低い浅い海。
ブナ・シイ：温帯でやや寒冷な陸地。

サンゴ 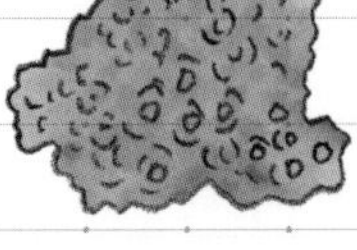

ホタテ 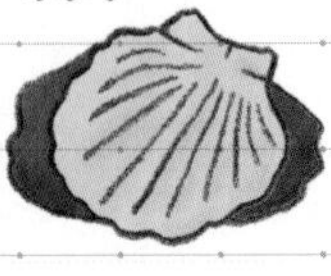

例

地質年代	主な示準化石	
新生代	ビカリア 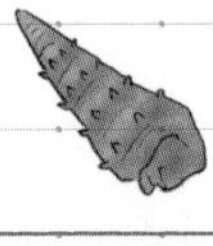	ナウマンゾウ 
中生代	アンモナイト 	恐竜 
古生代	サンヨウチュウ 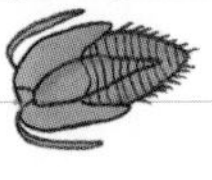	フズリナ 

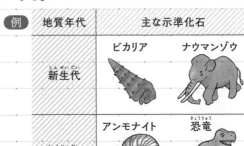

中1理科の解答

P.73 生命 身近な生物の観察

01 接眼レンズ 02 視度調節 03 立体 04 顔（頭） 05 1 06 影

07 分類 08 水中 09 陸上 10 植物 11 動物 12 しない 13 する

P.75 生命 植物のからだのつくり

01 種子植物 02 被子 03 花弁 04 おしべ 05 めしべ 06 花粉 07 受粉

08 種子 09 果実 10 雌花 11 胚珠 12 雄花 13 花粉のう 14 種子 15 葉脈

16 網状 17 平行 18 主根 19 側根 20 ひげ根 21 根毛

P.77 生命 植物の分類

01 種子 02 網状 03 主根 04 側根 05 平行 06 ひげ根 07 シダ植物

08 胞子のう 09 胞子 10 ある 11 仮根 12 ない

P.79 生命 動物の分類

01 背骨 02 卵生 03 胎生 04 うろこ 05 肺呼吸 06 水中 07 視野 08 距離

09 背骨 10 外骨格 11 節 12 脱皮 13 気門 14 えら呼吸

15 外とう膜 16 水中 17 えら 18 イカ 19 タコ

P.81 物質 物質の性質

01 物体 02 物質 03 炭 04 二酸化炭素 05 金属光沢 06 質量 07 密度

08 質量 09 体積 10 空気 11 ガス 12 ガス 13 青（青白い）

P.83 物質 状態変化

01 状態変化 02 体積 03 固体 04 液体 05 気体 06 純粋な物質（純物質）

07 混合物 08 沸点 09 融点 10 一定（変化しない） 11 蒸留 12 沸点

13 沸騰石 14 低い

P.85 物質 気体

01 水上置換法 02 下方置換法 03 上方置換法 04 小さい

05 溶けやすい（よく溶ける） 06 下方置換法 07 水上置換法 08 酸性 09 水

10 アルカリ性 11 二酸化マンガン 12 塩酸 13 塩酸

中1理科の解答

P.87 物質 水溶液

01 溶質 02 溶媒 03 溶液 04 質量パーセント濃度 05 溶質 06 溶液
07 溶媒 08 12 09 72 10 溶解度 11 飽和水溶液 12 結晶 13 再結晶
14 蒸発 15 ガラス棒

P.89 エネルギー 光の性質

01 直進 02 反射 03 入射角 04 反射角 05 屈折 06 全反射 07 焦点
08 焦点距離 09 実像 10 虚像 11 小さい 12 実像 13 虚像

P.91 エネルギー 音

01 音源（発音体） 02 波 03 聞こえる 04 距離 05 時間 06 1020
07 振幅 08 振動数 09 大きい 10 小さい 11 多い（大きい）
12 少ない（小さい） 13 少ない（小さい） 14 小さい

P.93 エネルギー 力

01 支える 02 中心 03 電気 04 100 05 フックの法則 06 向き
07 逆（反対） 08 同じ（等しい） 09 垂直抗力 10 摩擦力 11 重力

P.95 地球 火山・火成岩

01 マグマ 02 噴火 03 火山ガス 04 火山灰 05 火山弾 06 溶岩 07 強い（大きい）
08 弱い（小さい） 09 白っぽい 10 黒っぽい 11 火山岩 12 深成岩 （11，12 は順不同）
13 斑状 14 等粒状 15 無色 16 有色 17 溶岩 18 火山灰

P.97 地球 地震

01 震央 02 震源 03 震度 04 P 05 S 06 初期微動継続時間 07 長く
08 プレート 09 深く 10 活断層 11 液状 12 津波

P.99 地球 地層・化石

01 風化 02 侵食 03 運搬 04 堆積 05 堆積岩 06 石灰岩 07 発生しない
08 断層 09 しゅう曲 （08，09 は順不同） 10 化石 11 地質年代 12 環境
13 浅い 14 時代（年代）

THE LOOSE-LEAF STUDY GUIDE 1 FOR JHS STUDENTS

中1 社会

SOCIAL STUDIES

A LOOSE-LEAF COLLECTION
FOR A COMPLETE REVIEW OF ALL 5 SUBJECTS
GAKKEN PLUS

学習内容

地理		学習日	テスト日程
1	地球の姿		
2	緯度と経度，地球儀と世界地図		
3	日本の姿		
4	世界各地の人々の生活と環境		
5	アジア州①		
6	アジア州②		
7	ヨーロッパ州①		
8	ヨーロッパ州②		
9	北アメリカ州		
10	南アメリカ州		
11	アフリカ州／オセアニア州		
12	日本の自然環境		
歴史		**学習日**	**テスト日程**
13	文明のおこり		
14	日本の成り立ち		
15	聖徳太子の政治と大化の改新		
16	奈良の都と天平文化		
17	平安京と国風文化		
18	鎌倉幕府の成立と元寇		
19	室町幕府と室町文化		

TO DO LIST

やることをリストにしよう！ 重要度を☆で示し、できたら□に印をつけよう。

□☆☆☆	□☆☆☆
□☆☆☆	□☆☆☆
□☆☆☆	□☆☆☆
□☆☆☆	□☆☆☆

HEME 地理 地球の姿

まだまだ　もう少し　ばっちり

地球の姿

- □ 地球はほぼ球体。面積の割合は，陸地 01 ＿＿＿＿ ：海洋 02 ＿＿＿＿ 。

6大陸と3大洋，6つの州

- □ 03 ＿＿＿＿ 州
：ユーラシア大陸の西部に位置。
- □ 04 ＿＿＿＿ 大陸
：最大の大陸。

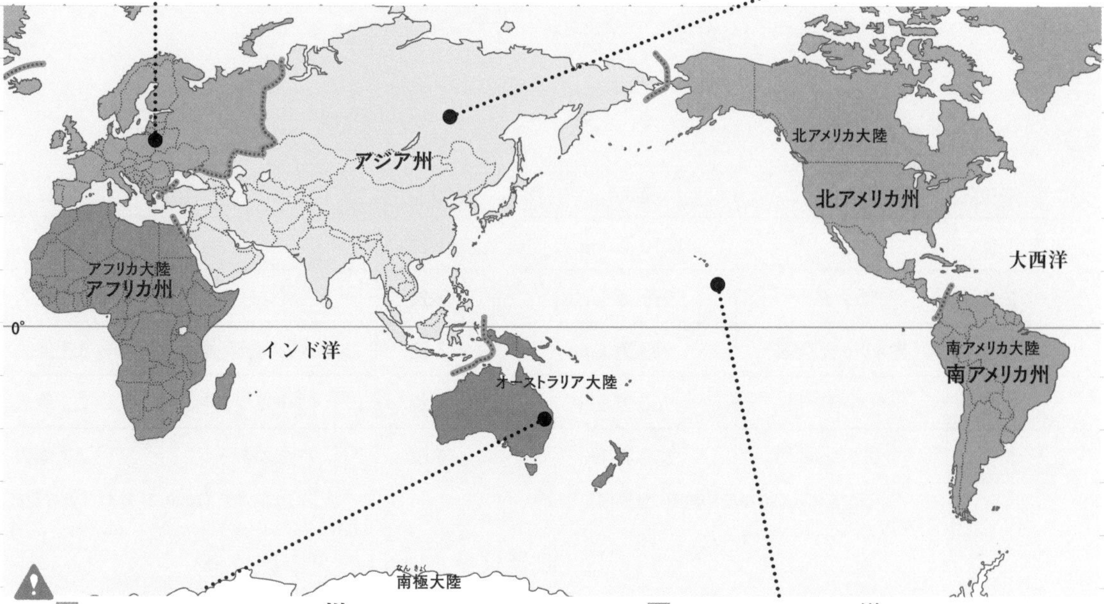

- □ 05 ＿＿＿＿ 州
：大陸名と混同しないようにする。
- □ 06 ＿＿＿＿ 洋
：最大の海洋。

世界のさまざまな国々

- □ 世界には190余りの国がある。
- □ 国境：国と国との境。
  - ➔ 国境に沿って国境線が引かれている。
- □ 国境線は，自然や 07 ＿＿＿＿ ・08 ＿＿＿＿ を利用したものが多い。

海や湖，川，山脈を利用した国境線があるよ。

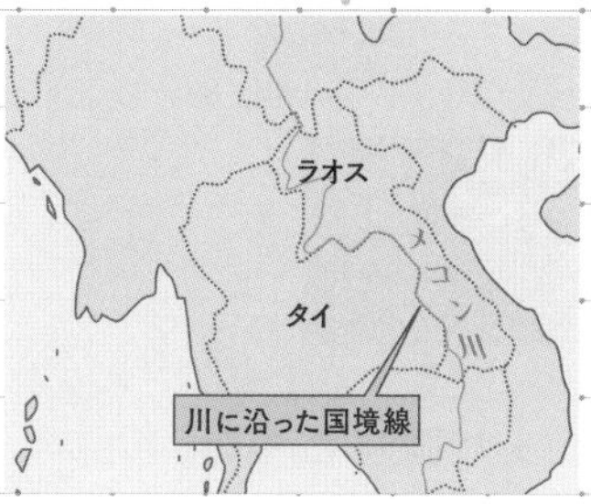

まっすぐな国境線で，アフリカ州に多いよ！

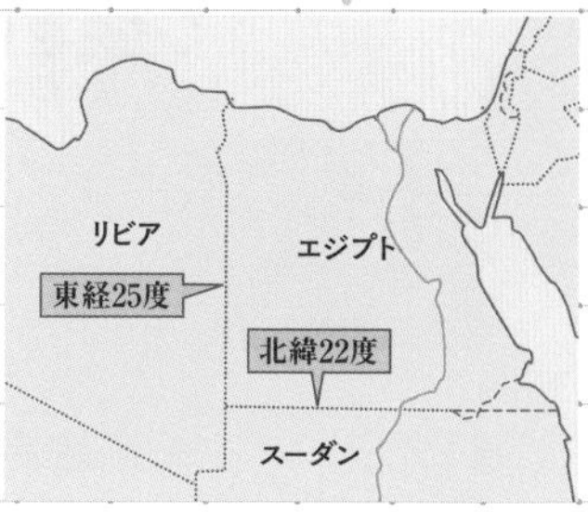

島国（海洋国）と内陸国

□ 09 ______：
海に全く面していない国。
（例）モンゴル，ボリビア，スイス。

日本とモンゴルは…

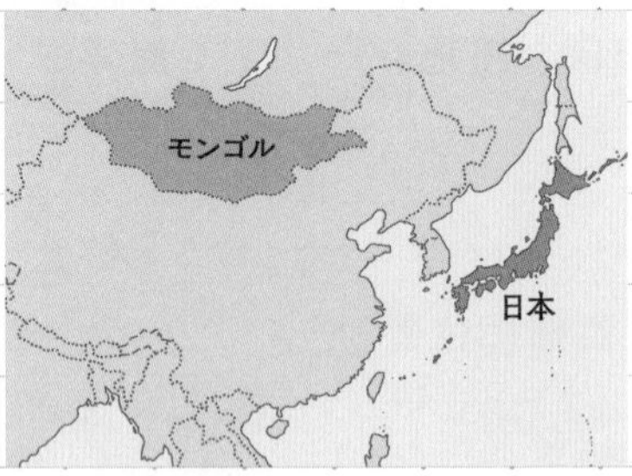

□ 10 ______（海洋国）：
周りを海に囲まれ，陸地で他国と接していない国。
（例）日本，フィリピン，ニュージーランド。

□ 面積が大きい国

順位	国名	面積
1位	□ 11 ______	1710万 km^2
2位	カナダ	999万 km^2
3位	アメリカ合衆国	983万 km^2
4位	中国	960万 km^2
5位	ブラジル	852万 km^2

（2018年）（2020/21年版「世界国勢図会」）

□ 人口が多い国

順位	国名	人口
1位	□ 12 ______	14.4億人
2位	インド	13.8億人
3位	アメリカ合衆国	3.3億人
4位	インドネシア	2.7億人
5位	パキスタン	2.2億人

（2020年）（2020/21年版「世界国勢図会」）

□ 面積最小，人口最少の国は 13 ______。

世界の国旗

□ 14 ______：国の象徴。国の歴史や人々の願いを表す。

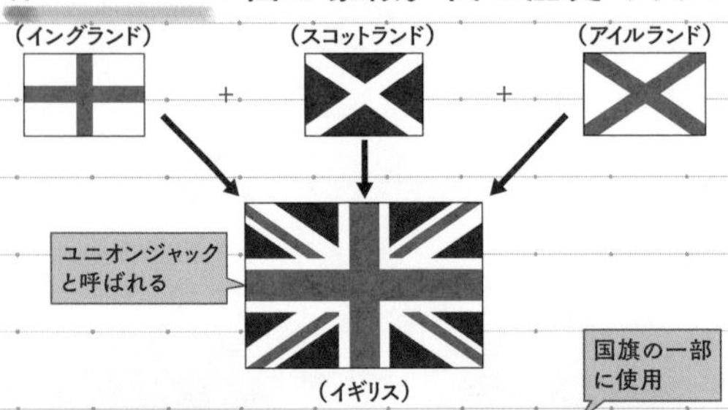

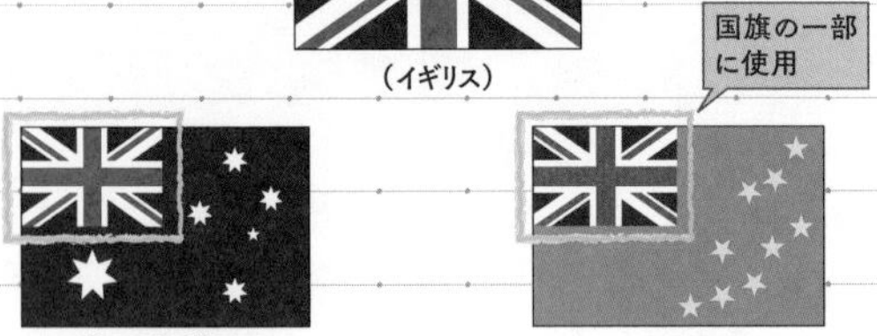

オーストラリア　ツバル

トルコ

パキスタン

マレーシア

□ かつてイギリスの植民地だった国々の中に，15 ______の国旗（ユニオンジャック）を国旗の一部にしている国がある。

□ 16 ______教の象徴の三日月や星が使われている。

EME 地理 緯度と経度，地球儀と世界地図

まだまだ　もう少し　ばっちり

緯度と経度

□ 地球上のある場所の位置は，緯度と経度で表すことができる。

□ 01 ＿＿＿＿＿＿：経度0度の経線。イギリスのロンドンを通る。

□ 02 ＿＿＿＿＿：赤道を0度として，南北を90度ずつに分ける。

□ 03 ＿＿＿＿＿：北極点と南極点の中間地点を結んだ線。

□ 04 ＿＿＿＿＿：本初子午線を0度として，東西を180度ずつに分ける。

□ 05 ＿＿＿＿＿：同じ緯度の地点を結んだ線。

赤道と平行に引かれているよ。

□ 06 ＿＿＿＿＿：同じ経度の地点を結んだ線。

子午線ともいう。

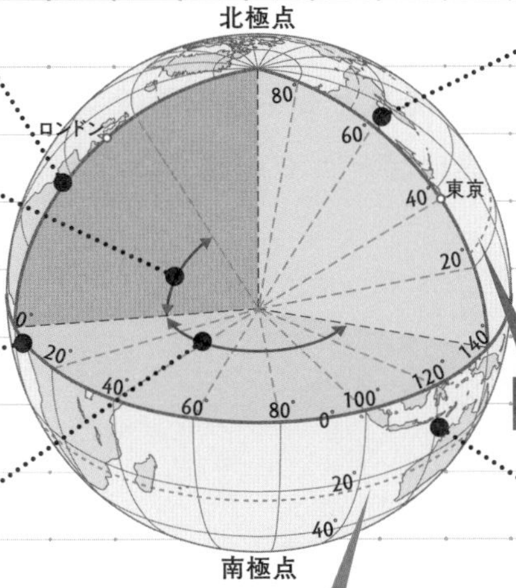

季節の違いが生まれるしくみ

□ 北極や南極に近づくほど，気温は 07 ＿＿＿＿ なる。

➔ 地球は地軸が傾いたまま太陽の周りを回っているから，季節の差ができる。

□ 北半球と南半球では，季節が 08 ＿＿＿＿ になる。

□ 日本が夏のとき，オーストラリアは 09 ＿＿＿＿。

□ 日本が冬のとき，オーストラリアは 10 ＿＿＿＿。

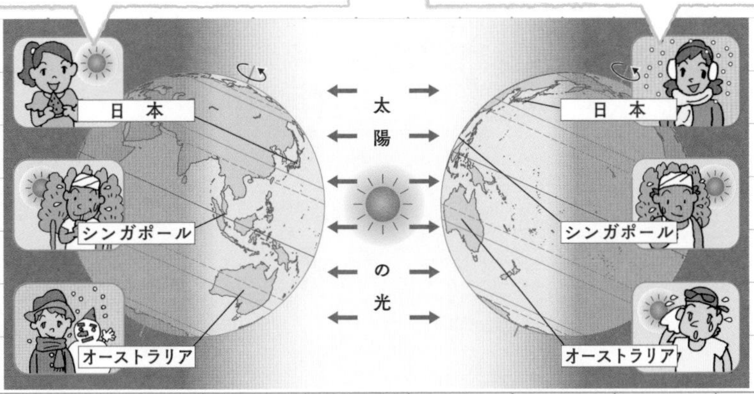

THEME 緯度と経度，地球儀と世界地

地球儀と世界地図

☐ 11 ＿＿＿＿＿：地球をそのまま縮小した模型。

➔ 面積・形・方位・角度・距離などを，同時に正しく表すことができる。

☐ 世界地図：地球を平面上に表す。

➔ 面積・形・方位・角度・距離などをすべて同時に正しく表すことはできない。

目的に応じたさまざまな世界地図がつくられている。

正しい経度・緯度がわかるよ。

メルカトル図法

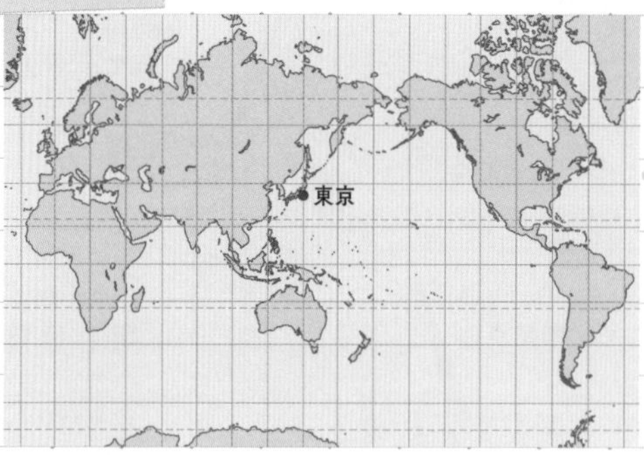

☐ 12 ＿＿＿＿＿が正しい地図。
- 二つの点を結ぶ直線は，経線に対してすべて同じ角度になる。
  →航海図などに利用。
- 経線と緯線が直角に交わる。
- 欠点…高緯度ほど面積が拡大する。

正距方位図法

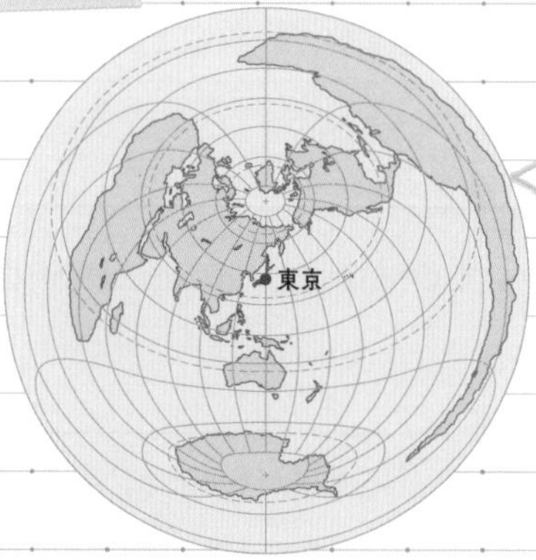

☐ 中心からの（この地図では東京が中心）13 ＿＿＿＿＿と方位が正しい地図。
→航空図などに利用。
- 欠点…中心から離れるほど，陸地の形のゆがみが大きくなる。

モルワイデ図法

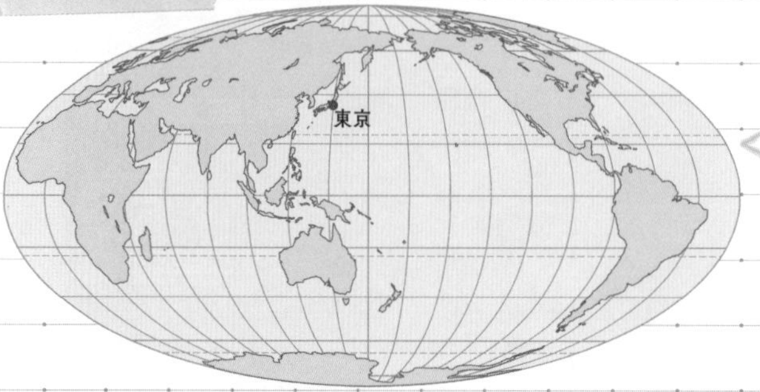

☐ 14 ＿＿＿＿＿が正しい地図。
→分布図などに利用。
- 欠点…赤道から離れるほど，陸地の形のゆがみが大きくなる。

EME 地理 日本の姿

まだまだ　もう少し　ばっちり

日本の位置

☐ 01 ＿＿＿＿ 大陸の東にあり，周りを海に囲まれた島国（海洋国）。

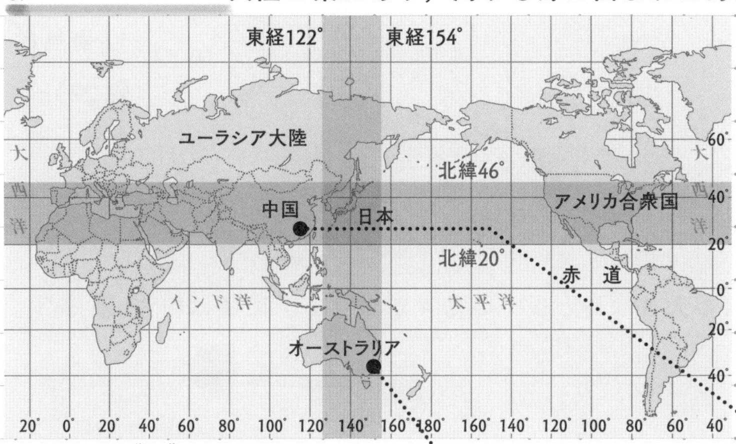

☐ 日本と経度が近い国：02 ＿＿＿＿

南北

☐ 北緯約 20 ～ 46 度。

東西

☐ 東経約 122 ～ 154 度。

☐ 日本と緯度が近い国：03 ＿＿＿＿，アメリカ合衆国。

世界と日本の時差

☐ 時差：場所による時刻のずれ。経度 04 ＿＿＿＿ 度で 1 時間の時差。

☐ 標準時：国や地域が基準として定めている時刻。

➔ 日本は，兵庫県明石市を通る東経 05 ＿＿＿＿ 度の経線（標準時子午線）上の時刻。

各地の時刻（ロンドンが 2 月 1 日午前 0 時のとき）

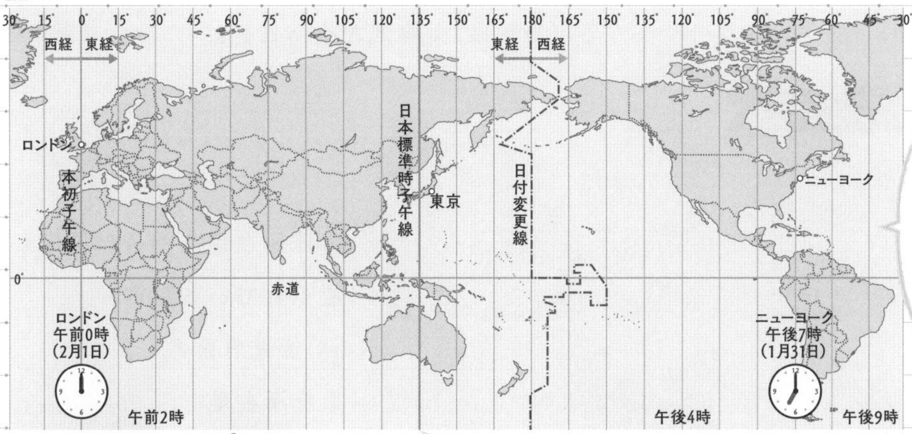

日付変更線を西から東へ越えるときは日付を1日遅らせ，東から西へ越えるときは1日進めるよ。

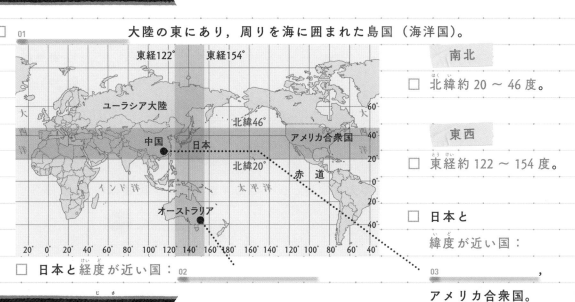

☐ 東京の時刻：ロンドンとの経度差は，06 ＿＿＿＿ 度。

時差は 06 ＿＿＿＿ ÷ 15 ＝ 07 ＿＿＿＿ 時間。よって，

東京の時刻は 08 ＿＿＿＿ 月 09 ＿＿＿＿ 日 10 ＿＿＿＿ 時。

日本の領域

□ 国の領域は，
領土，領海，領空からなる。

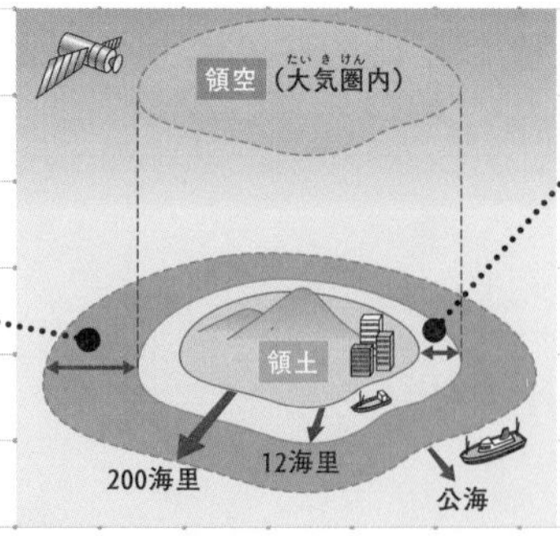

□ 12 ＿＿＿＿：
12 海里は
約 22 km。

□ 11 ＿＿＿＿：
200 海里は約 370 km。

□ 北海道，本州，四国，九州の大きな島と多くの島々からなる。面積は約 38 万 km²。

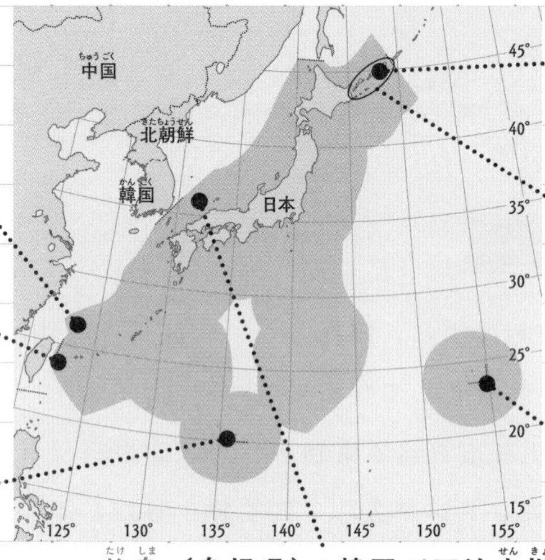

尖閣諸島（沖縄県）：
中国などが領有権を主張。

西端
14 ＿＿＿＿島
（沖縄県）

南端
15 ＿＿＿＿島
（東京都）

北端
13 ＿＿＿＿島
（北海道）

16 ＿＿＿＿
（北海道）：
ロシアが不法占拠。

東端
17 ＿＿＿＿島
（東京都）

竹島（島根県）：韓国が不法占拠。

日本の都道府県

7地方区分

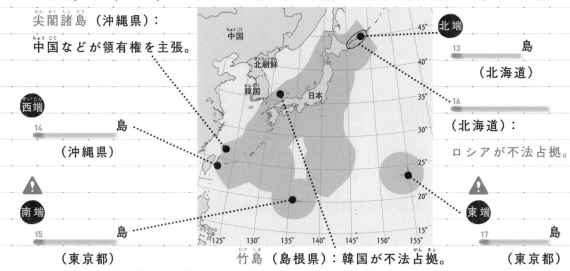

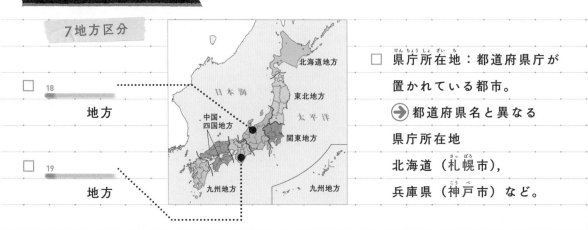

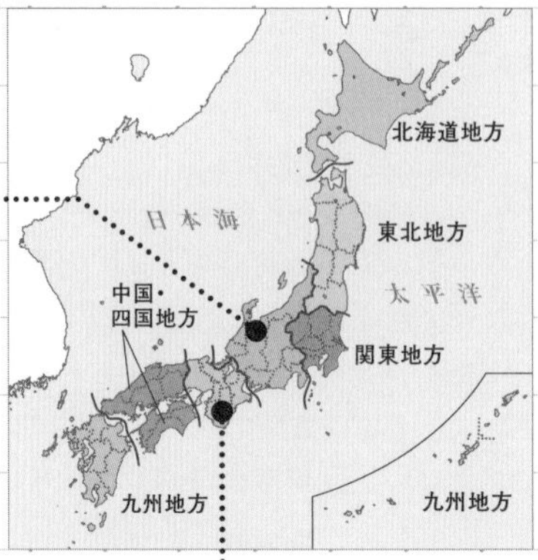

□ 18 ＿＿＿＿
地方

□ 19 ＿＿＿＿
地方

□ 県庁所在地：都道府県庁が
置かれている都市。
➔ 都道府県名と異なる
県庁所在地
北海道（札幌市），
兵庫県（神戸市）など。

No. 社会
SOCIAL STUDIES

THE LOOSE-LEAF STUDY GUIDE
GAKKEN PLUS

Date

THEME　地理　**世界各地の人々の生活と環境**

✓ まだまだ　✓ もう少し　✓ ばっちり

世界の気候

●四季の変化。
●ユーラシア大陸や，南北アメリカ大陸の東岸と西岸に広がる。

(Cynet Photo)

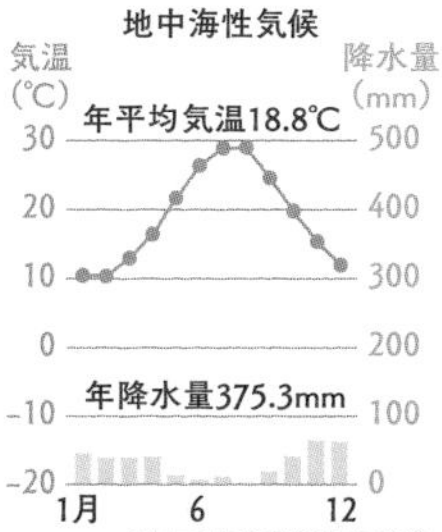

アテネ
地中海性気候

気温（℃）　降水量（mm）
年平均気温18.8℃
年降水量375.3mm
1月　6　12
（令和2年版「理科年表」）

バロー
ツンドラ気候

気温（℃）　降水量（mm）
年平均気温-11.2℃
年降水量115.9mm
1月　6　12
（令和2年版「理科年表」）

●冷帯（亜寒帯）：針葉樹林（タイガ）が広がる。

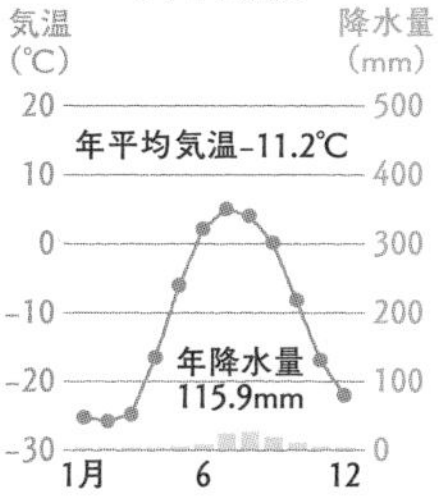

(Cynet Photo)

● [　02　]　帯：一年の大半が雪と氷で覆われる。

温暖な地域

寒い地域

□ [　01　]　帯

□ 冷帯（亜寒帯）・[　02　]　帯

バロー
アテネ
カイロ
東京
シンガポール
赤道
ラパス

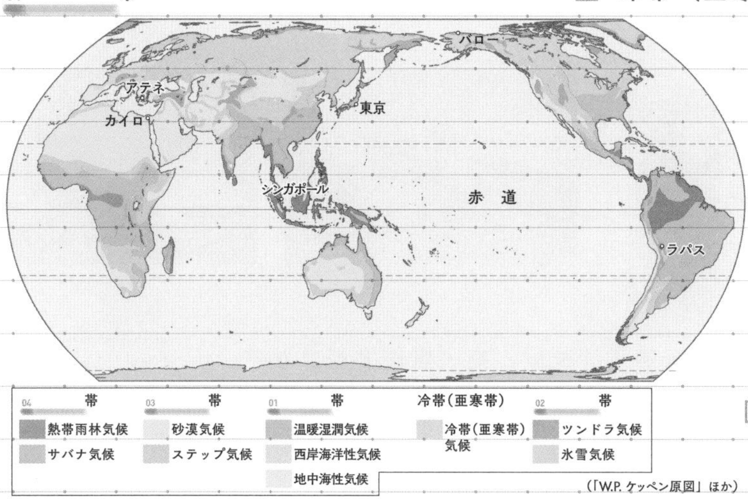

[　04　]　帯　　[　03　]　帯　　[　01　]　帯　　冷帯（亜寒帯）　[　02　]　帯
■ 熱帯雨林気候　■ 砂漠気候　■ 温暖湿潤気候　□ 冷帯（亜寒帯）気候　■ ツンドラ気候
□ サバナ気候　□ ステップ気候　□ 西岸海洋性気候　　■ 氷雪気候
　　　　　　　　　　　□ 地中海性気候
（「W.P. ケッペン原図」ほか）

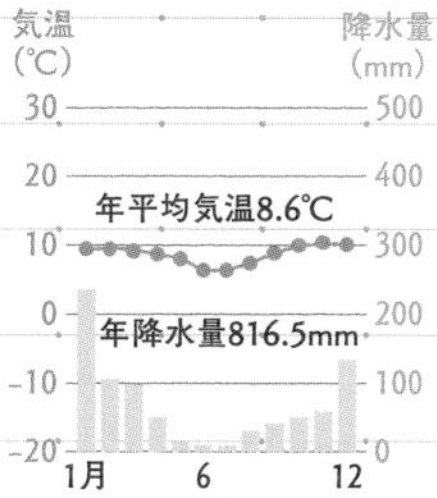

ラパス

気温（℃）　降水量（mm）
年平均気温8.6℃
年降水量816.5mm
1月　6　12
（平成28年版「理科年表」ほか）

□ [　05　]　気候

標高が高い地域

□ [　03　]　帯

雨が少ない地域

□ [　04　]　帯

暑い地域

●雨がとても少ない。
●オアシス：水がわく。

(Cynet Photo)

カイロ
砂漠気候

気温（℃）　降水量（mm）
年平均気温21.7℃
年降水量34.6mm
1月　6　12
（令和2年版「理科年表」）

●砂漠や乾燥した草原が広がる。

シンガポール
熱帯雨林気候

気温（℃）　降水量（mm）
年平均気温27.6℃
年降水量2199.0mm
1月　6　12
（令和2年版「理科年表」）

●赤道周辺に広がり，一年中気温が高い。
●多雨 ➡ 熱帯雨林。

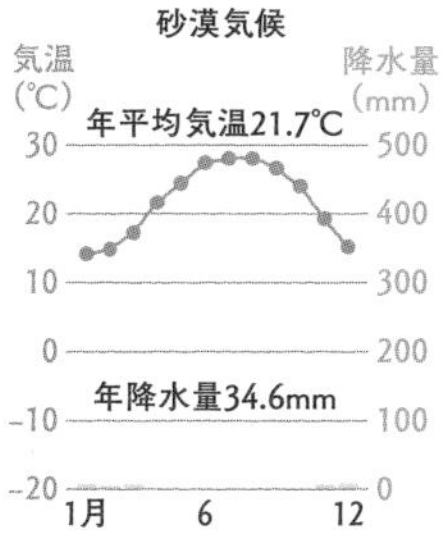

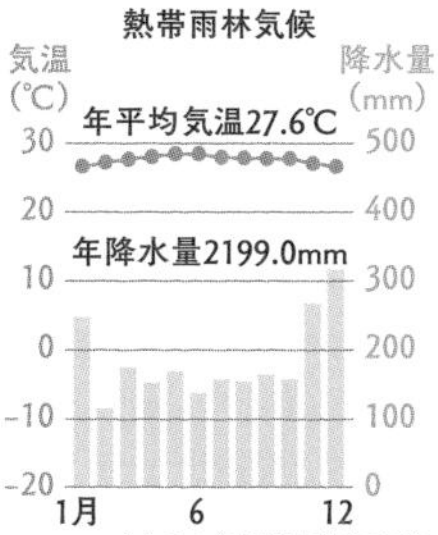

(Cynet Photo)

●雨季と乾季がある地域も。

THEME 世界各地の人々の生活と環

世界の気候と衣食住

衣服

□ 乾燥(かんそう)した地域・暑い地域：

06 ＿＿＿＿＿ がよい服

□ 寒い地域・標高の高い地域：

動物の 07 ＿＿＿＿＿ の服や帽子(ぼうし)

住居

□ 暑い地域：

床(ゆか)が 08 ＿＿＿＿＿ 家

(Cynet Photo)

□ 地中海(ちちゅうかい)沿岸：

09 ＿＿＿＿＿ 造りの家

(Cynet Photo)

□ 乾燥した地域：

日干(ひぼ)し 10 ＿＿＿＿＿ の家

ゲル

モンゴルの遊牧民(ゆうぼくみん)の移動式住居。

(Cynet Photo)

主食

□ 11 ＿＿＿＿＿ ：雨が多い地域。東・東南アジアなど。

□ 12 ＿＿＿＿＿ ：雨が比較的(ひかくてき)少ない地域。パンやパスタ。

暑い地域では いも類も主食。

世界の宗教(しゅうきょう)と暮(く)らし

世界の宗教分布

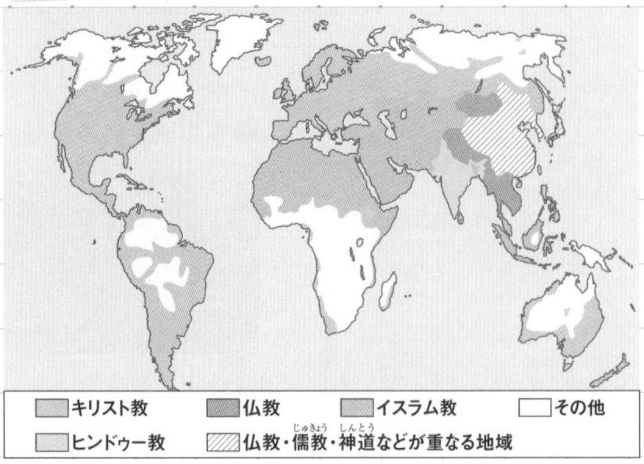

□ 三大宗教

宗教	特色
13 ＿＿＿＿＿ 教	教典(きょうてん)は「コーラン」。豚肉(ぶたにく)を食べない。
14 ＿＿＿＿＿ 教	教典は「経(きょう)」。東南アジアで托鉢(たくはつ)。
15 ＿＿＿＿＿ 教	教典は「聖書(せいしょ)」。教会で礼拝(れいはい)。

「クルアーン」ともいうよ。

□ その他の宗教：ヒンドゥー教（インド人）やユダヤ教（ユダヤ人）など。

THEME 地理 アジア州①

まだまだ もう少し ばっちり

アジア州の自然

□ カスピ海：世界でいちばん広い湖。

□ 01 ＿＿＿＿ 山脈：世界一高い山のエベレスト山（チョモランマ）がある。

地形

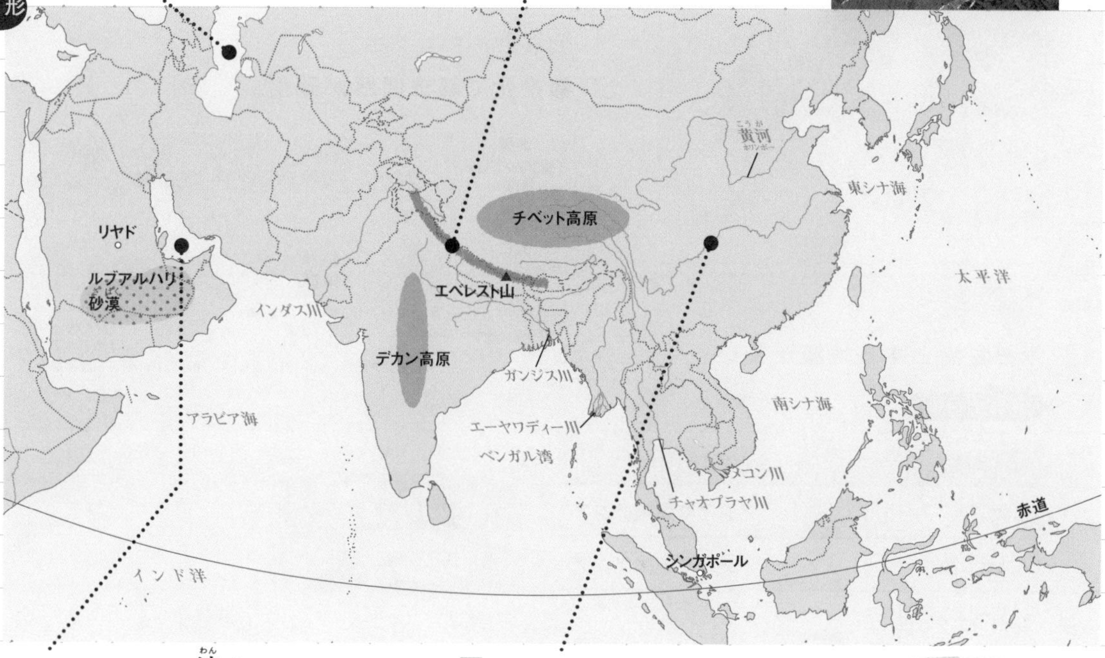

□ 02 ＿＿＿＿ 湾：湾岸の国々で原油の産出が豊富。

□ 03 ＿＿＿＿：アジア州で最も長い川。

中国の大河は，北からこう（黄河）ちょう（長江）先生と覚えよう！

気候

□ 熱帯：赤道周辺。高温多雨。

□ 乾燥帯：西・中央アジア。雨が少ない。

□ 04 ＿＿＿＿：夏は海洋から，冬は大陸から吹く風。

➡ 南アジアや東南アジアで，雨季と乾季をもたらす。

□ アジア州の北部に広がるシベリアは，寒帯や冷帯（亜寒帯）に属する。

ロシア連邦に属するよ。

□ 05 ＿＿＿＿ 帯

シンガポール

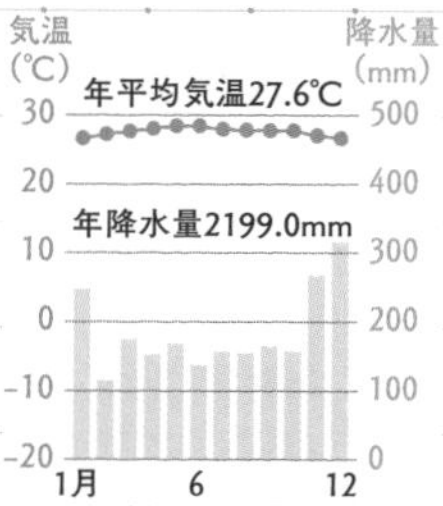

（令和2年版「理科年表」）

□ 06 ＿＿＿＿ 帯

リヤド

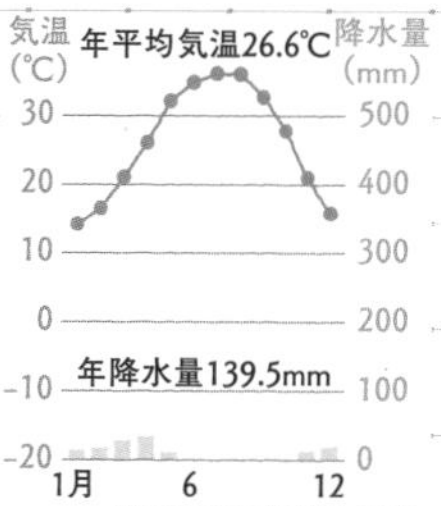

（令和2年版「理科年表」）

SOCIAL STUDIES
THE LOOSE-LEAF STUDY GUIDE
★★★
GAKKEN PLUS
No.
Date

1
LOOSE-LEAF COLLE

THEME　アジア州①

アジア州の人々と文化

区分

□ 07　　　　　アジア

中央アジア
西アジア
東南アジア

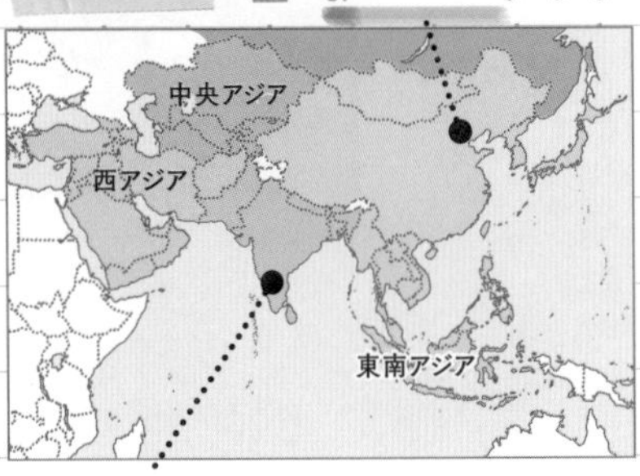

□ 08　　　　　アジア

人口

□ 世界の総人口の約 09　　　割がアジア州に集中。

□ 人口密度：東アジアから南アジアにかけての平野部で高い。

□ 都市化で都市問題が発生。

住宅不足や交通渋滞など。

オセアニア 6.5
面積 1億3009万km² (2018年)	アジア 23.9%	ヨーロッパ 17.0　アフリカ 22.8　北アメリカ 16.4　南アメリカ 13.4
人口 77億1347万人 (2019年)	アジア 59.6%	9.7　アフリカ 17.0　8.2　5.5

ヨーロッパ　　北アメリカ 南アメリカ オセアニア 0.5

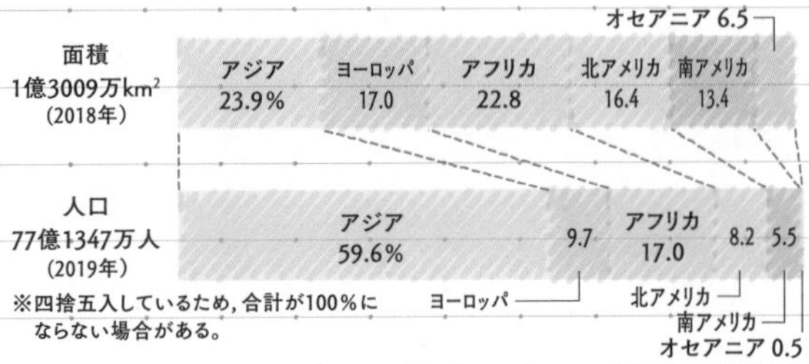

※四捨五入しているため，合計が100％にならない場合がある。
※ロシアはヨーロッパ州に含む。　(2020/21年版「日本国勢図会」)

文化

□ 米を主食とする地域が多い。

宗教の分布

宗教		主な地域
仏教	□ 10	アジアや東南アジア
イスラム教	□ 11	アジアや中央アジア
ヒンドゥー教	□ 12	

フィリピンにはキリスト教徒が多いよ。

アジア州の産業

気候と農業

東南アジアでは，かんがいが行われているよ。

農業	降水量	主な地域
稲作	13　　い	中国南部，東南アジア
畑作	14　　い	中国北部，インド西部
牧畜	乾燥している	西アジア，中央アジア

□ アジア 17　　　　　（新興工業経済地域）：
経済が急速に成長した韓国，シンガポール，
台湾，ホンコン（香港）。

15　　　　の生産量

計7.82億t
　　　　　　　　　インドネシア　　バングラデシュ
　　　　　　　　　　　　　　　　　　┌ベトナム 5.6
| 中国 27.1% | インド 22.1 | 10.6 | 7.2 | その他 |

(2018年)(2020/21年版「世界国勢図会」)

16　　　　の生産量

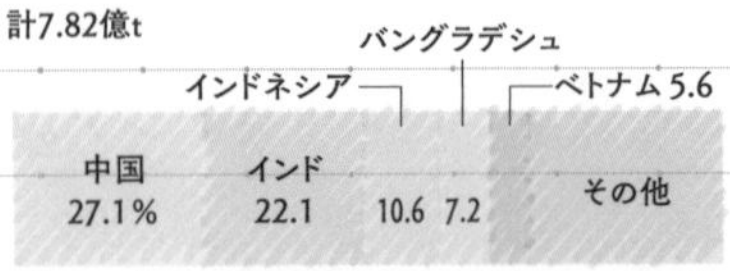

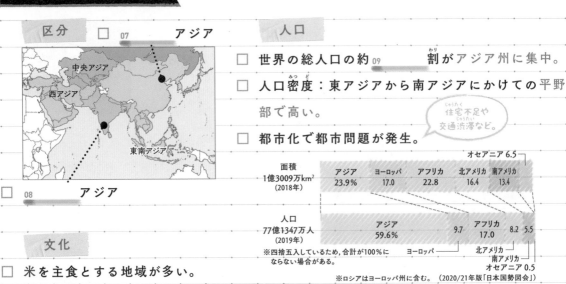

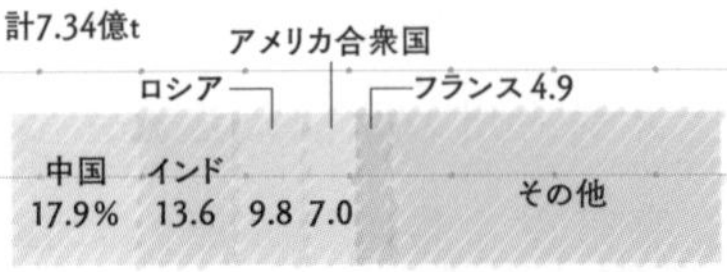

計7.34億t
　　　　アメリカ合衆国
ロシア　│　┌フランス 4.9
| 中国 17.9% | インド 13.6 | 9.8 | 7.0 | その他 |

(2018年)(2020/21年版「世界国勢図会」)

THEME 地理 # アジア州②

まだまだ　もう少し　ばっちり

中国の様子

□ 人口：約 01 ＿＿＿＿ 億人（2020 年）。

02 ＿＿＿＿ 政策：人口の増加を抑える政策。

廃止された。

□ 約 9 割が 03 ＿＿＿＿ 族。ほかに少数民族が暮らす。

農業

□ 世界有数の農業大国。米や小麦，茶などの生産量が世界一。

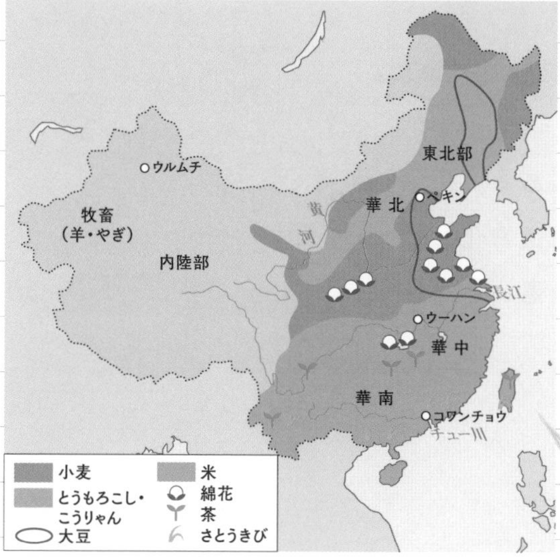

□ 降水量がやや少ない
黄河流域（華北）など
北部で 04 ＿＿＿＿ 作。

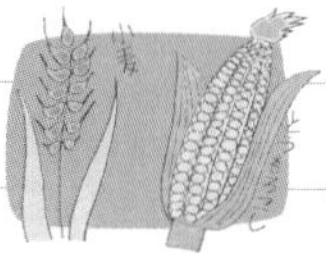

□ 降水量が多い
長江流域（華中）など
南部で 05 ＿＿＿＿ 作。

乾燥した内陸部は
牧畜が中心だよ。

経済発展

□ 06 ＿＿＿＿ ：外国企業を受け入れ，技術と資金を導入。

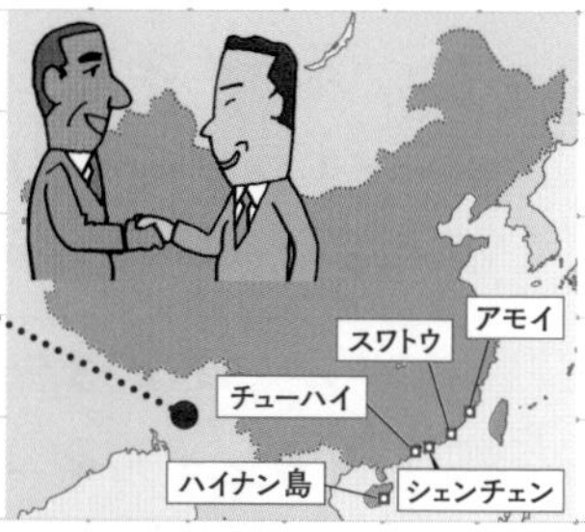

□ 中国は，工業化して「世界の 07 ＿＿＿＿ 」と呼ばれる。

□ 大気汚染などの環境問題，沿岸部と内陸部で経済格差。

韓国の様子

□ 文化：ハングル，キムチ，儒教など。

□ 輸出に力を入れ，急速に 08 ＿＿＿＿ 化を進める。

➔ アジア NIES（新興工業経済地域）の一つに。

1960 年代　1970 年代　1990 年代～

軽工業 ➔ 重化学工業 ➔ ハイテク（先端技術）産業が発展。

韓国の輸出品の変化

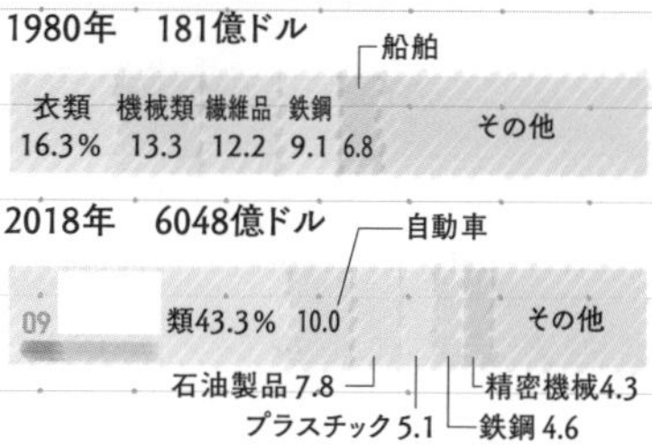

（2020/21年版「世界国勢図会」ほか）

東南アジアの様子

- □ ⚠ 10 ＿＿＿＿＿：同じ土地で年に２回稲を栽培する。
  ➔タイとベトナムは米の輸出がさかん。

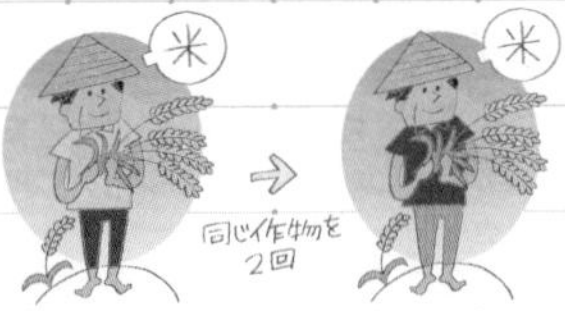

- □ 11 ＿＿＿＿＿（大農園）：
  植民地時代から輸出用の商品作物を栽培。
  天然ゴムと油やし（マレーシアやインドネシア）
  バナナ（フィリピン）　など。
- □ 工業化：工業団地で輸出用の製品を生産。
  ➔日本をはじめ，外国企業を誘致し，工業化を進めた。
- □ 12 ＿＿＿＿＿（東南アジア諸国連合）：
  関税をなくすなど，経済的な結びつきを強める。
- □ スラム：大都市にある，貧しい人々が住む過密化した地区。➔住環境や衛生状態などがかなり悪い。

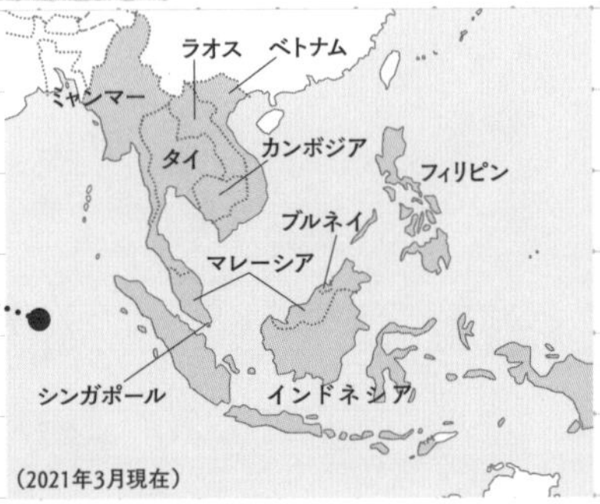

（2021年3月現在）

南アジアの様子

- □ 農業：綿花（インドのデカン高原など），
  茶（インドのアッサム地方やスリランカ）。
- □ インドで情報通信技術（14 ＿＿＿＿＿）産業が発達。
  南部のベンガルールなどに欧米の企業が進出。
- □ インドの人口は13億人を超える（2020年）。
  ➔食料やエネルギー資源の確保，貧困の解消などが課題。

□ 13 ＿＿＿＿＿ の生産量

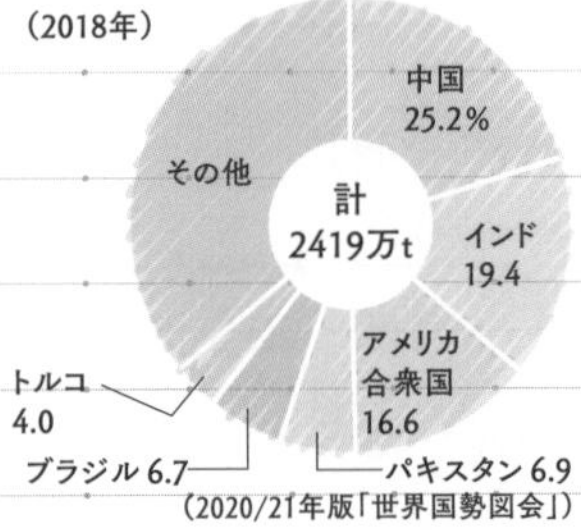

（2020/21年版「世界国勢図会」）

西アジア・中央アジアの様子

- □ 石油輸出国機構（15 ＿＿＿＿＿）：サウジアラビアなど，
  西アジア（ペルシア湾岸）の国々が中心となって結成。
- □ 中央アジアで鉱産資源が豊富。
  石炭，石油，天然ガス，
  レアメタル（希少金属）など。

□ 16 ＿＿＿＿＿ の生産量

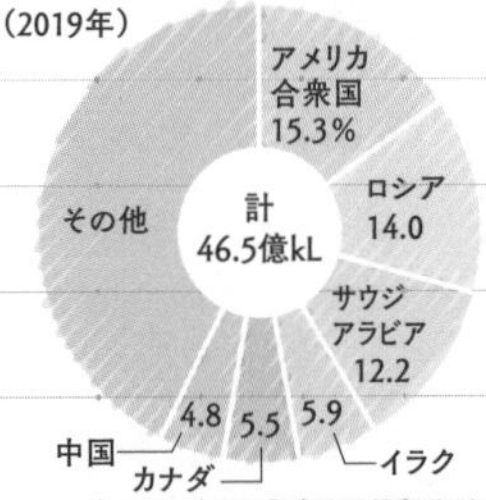

（2020/21年版「世界国勢図会」）

THEME 地理 **ヨーロッパ州①**

ヨーロッパ州の自然

□ ☞ 01 _____ 風：1年中西から吹く風。

□ 02 _____ 海流：北上する暖流。

□ 03 _____：氷河で削られ、谷に海水が入り込んでできた奥深い湾。

地形

アイスランド / スカンディナビア半島 / フィンランド / ロシア連邦 / 北海 / 大西洋 / イギリス / ロンドン / オランダ / ドイツ / ポーランド / 東ヨーロッパ平原 / フランス / ポルトガル / スペイン / イタリア / 地中海 / 黒海 / ギリシャ / アテネ

□ 04 _____ 川：国際河川。

□ 05 _____ 山脈：最高峰は4810mのモンブラン山。

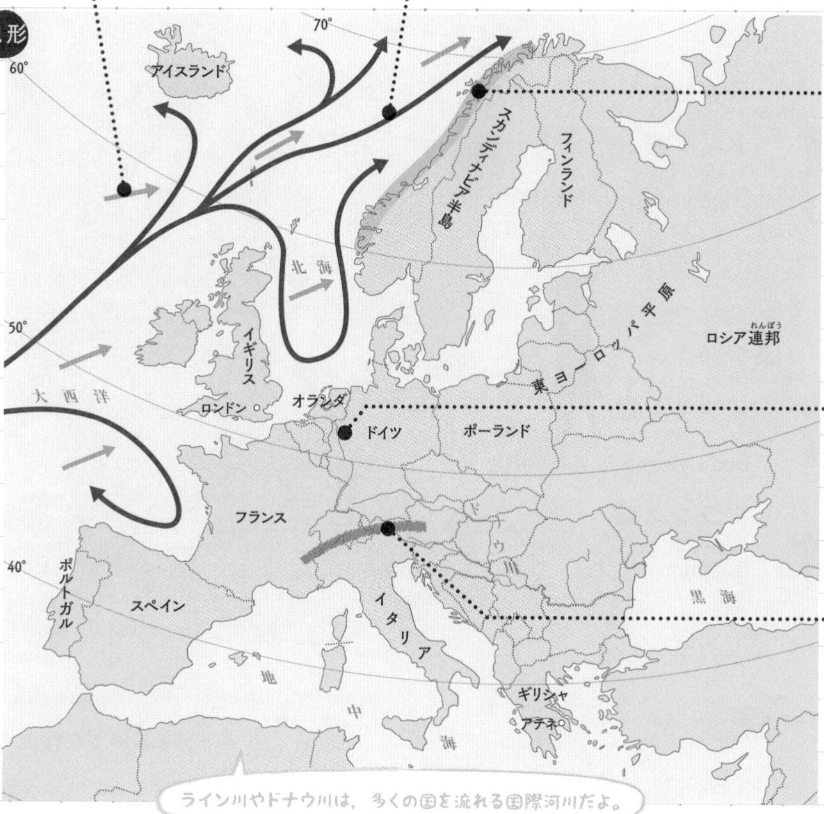

ライン川やドナウ川は、多くの国を流れる国際河川だよ。

気候

地域	気候	特色
西部	西岸海洋性気候	北大西洋海流と偏西風の影響で高緯度のわりに温暖。
地中海沿岸	地中海性気候	夏は高温乾燥、冬は温暖でやや雨が多い。
東部や北部	冷帯（亜寒帯）	冬の寒さが厳しい。

□ 06 _____ 気候　ロンドン
年平均気温11.8℃　年降水量640.3mm

□ 07 _____ 気候　アテネ
年平均気温18.8℃　年降水量375.3mm

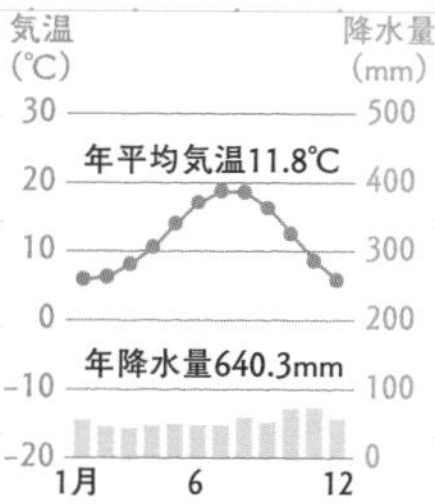

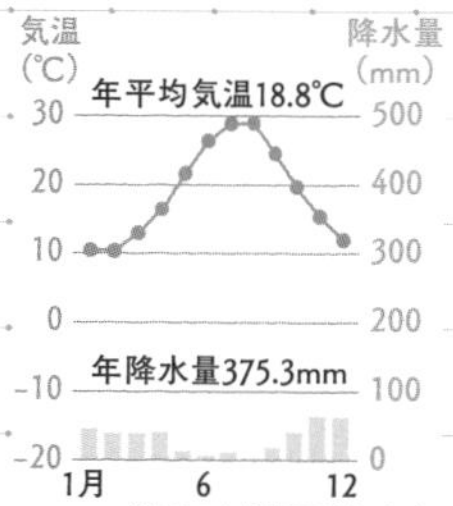

（令和2年版「理科年表」）

ヨーロッパ州の文化

ヨーロッパ州の言語区分と各言語の「おはよう」

英語では「Good(グッド) morning(モーニング)」だね。

□ 08 ＿＿＿＿系(けい)言語：
ブルガリア語
Добро(ドブロ) утро(ウートロ)

□ 09 ＿＿＿＿系言語：
ドイツ語
Guten(グーテン) Morgen(モルゲン)

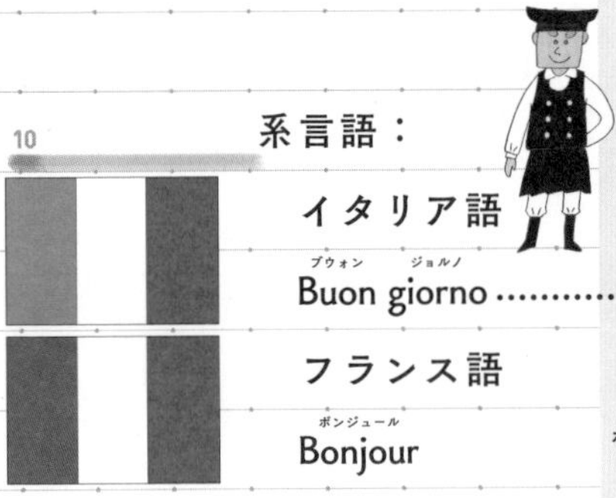

□ 10 ＿＿＿＿系言語：
イタリア語
Buon(ブウォン) giorno(ジョルノ)
フランス語
Bonjour(ボンジュール)

（「ディルケ世界地図」ほか）

キリスト教各宗派の分布

□ 11 ＿＿＿＿：北・中部のイギリスやドイツなど。

□ 12 ＿＿＿＿：南部のフランスやイタリアなど。

□ 13 ＿＿＿＿：東部のロシアやギリシャなど。

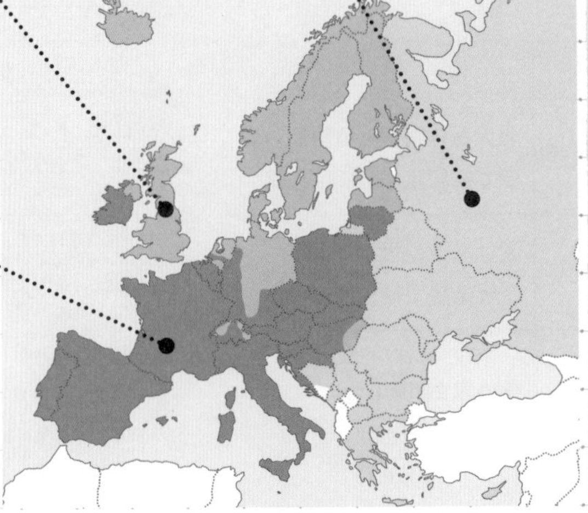

キリスト教は世界で最も信者が多いよ。

キリスト教の主な行事

□ イースター（復活祭(ふっかつさい)）

□ クリスマス

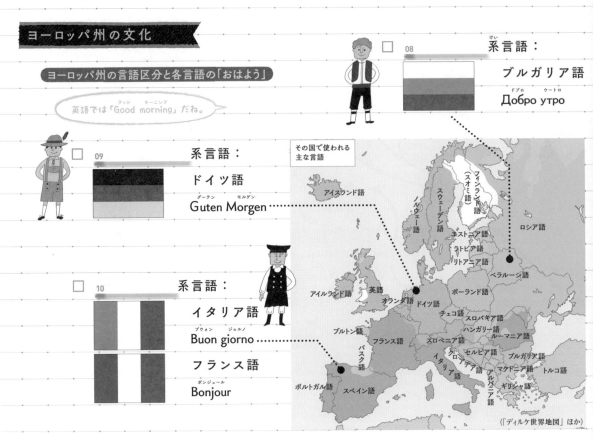

THEME 地理 ヨーロッパ州②

まだまだ　もう少し　ばっちり

ヨーロッパ州の統合

背景

●第二次世界大戦（1939 ～ 45 年）

➡ もう戦争を避(さ)けたい。

●アメリカやソ連が大きく発展。

➡ 協力して対抗(たいこう)する必要。

統合の歩み

□ 1967年　01 ＿＿＿＿＿＿（ヨーロッパ共同体）：経済的(けいざいてき)な結びつきの強化を目的に結成。

□ 1993年　02 ＿＿＿＿＿＿（ヨーロッパ連合）：EC が，政治的な結びつきも強めるために発展。

➡ 発足時の加盟国(かめいこく)は 12 か国。

□ 2020年　03 ＿＿＿＿＿＿が離脱(りだつ)して 27 か国に。

EU 加盟国

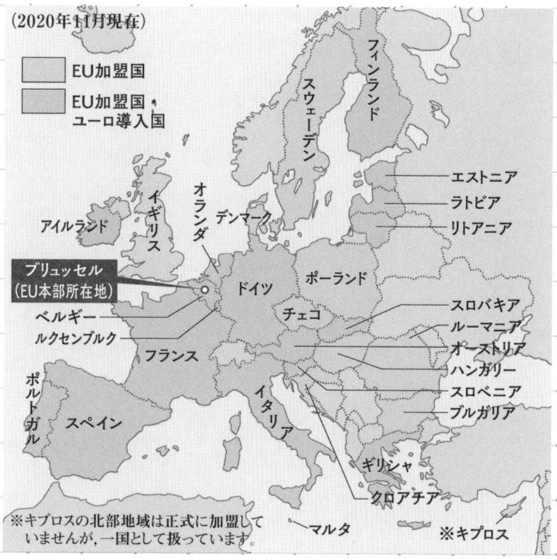

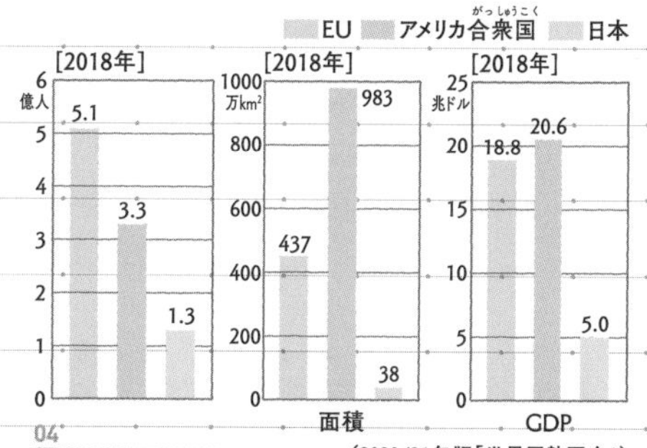

04 ＿＿＿＿＿＿

(2020/21年版「世界国勢図会」)

EU の政策(せいさく)

□ 人・もの・お金の移動が自由で，輸入品に 05 ＿＿＿＿＿＿（関税(かんぜい)）がかからない。

□ 06 ＿＿＿＿＿＿：共通通貨。多くの国が導入。

導入していない国もある。

EU の課題

□ 07 ＿＿＿＿＿＿格差(かくさ)：西ヨーロッパ諸国(しょこく)と，その他の所得の低い国々との間で大きな格差。

➡ イギリスで離脱論が高まった。

●財政負担(ざいせいふたん)のあり方をどうするか。
●移民(いみん)や難民(なんみん)への対応で意見の違(ちが)い。
●ドイツなどで外国人労働者が増加。

□ 環境問題(かんきょうもんだい)：大気汚染(たいきおせん)，08 ＿＿＿＿＿＿雨(う)，地球温暖化(おんだんか)など。

➡ 09 ＿＿＿＿＿＿可能エネルギーの利用，リサイクル，エコツーリズムなどで持続可能な社会を目指す。

途中(とちゅう)で自動車から電車などに乗り換(か)え，都心部に通勤・通学するパークアンドライドを導入した都市もあるよ。

THEME ヨーロッパ州(

ヨーロッパ州の農業

フランスは，EU最大の農業国だよ。

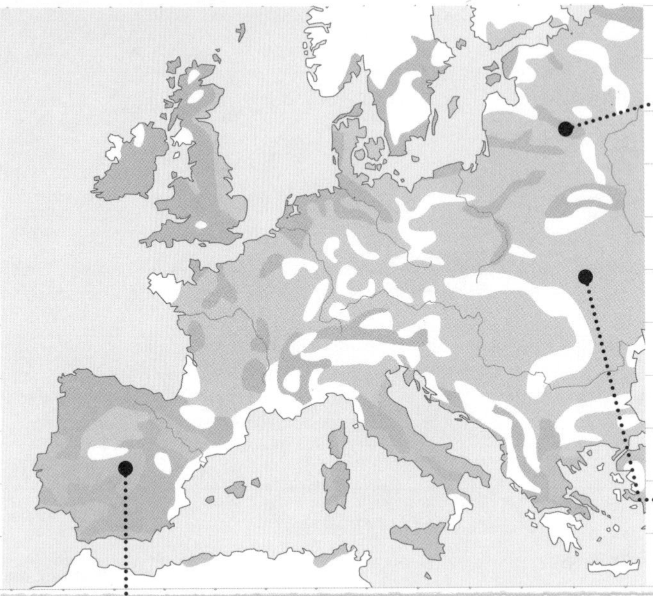

□ 12
：乳牛を飼育して，バターやチーズなどの乳製品をつくる農業。

□ 13 農業
：食用作物と飼料作物の栽培と，家畜の飼育を組み合わせた農業。

□ 10 農業
：乾燥する夏にくだもの，やや雨が多くなる冬に小麦を栽培。

11 の生産量

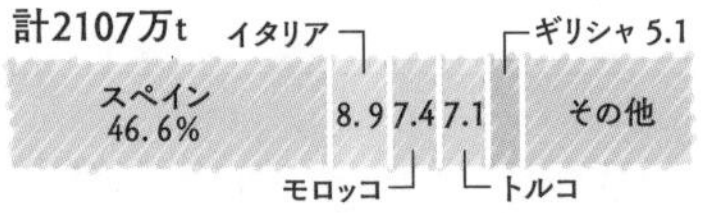

（2018年）（2020/21年版「世界国勢図会」）

地中海沿岸の国々が上位だね。

ヨーロッパ州の工業

□ 14 ：ヨーロッパ最大の工業国。
ライン川沿いのルール工業地域で鉄鋼業がさかん。

□ フランス： 15 の組み立て工場がある。
部品は，複数の国が分業（国際分業）して生産する。

□ 現在は，ハイテク（先端技術）産業がさかん。

分業生産（例）

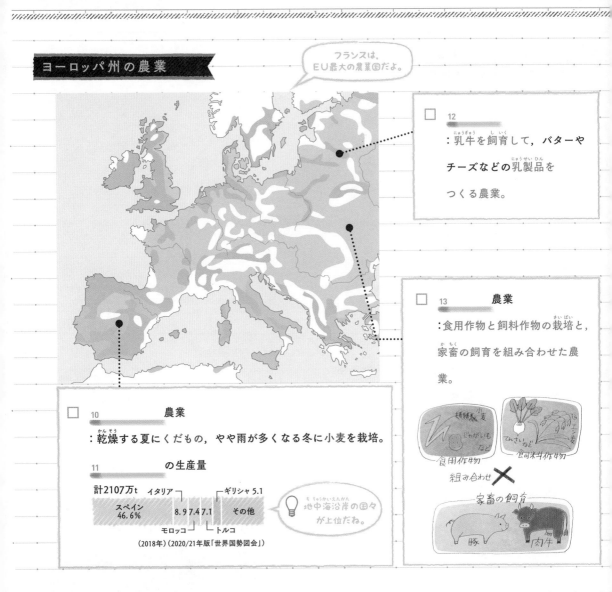

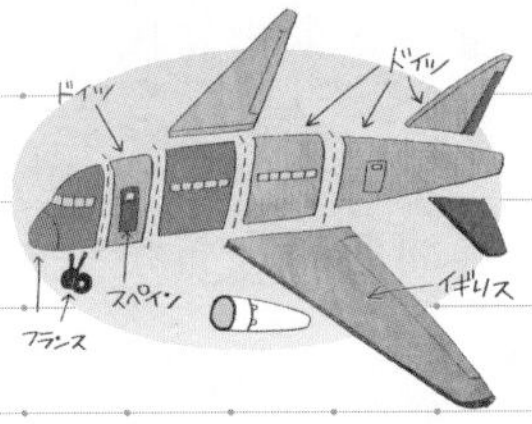

THEME 地理 # 北アメリカ州

まだまだ　もう少し　ばっちり

北アメリカ州の自然

地形

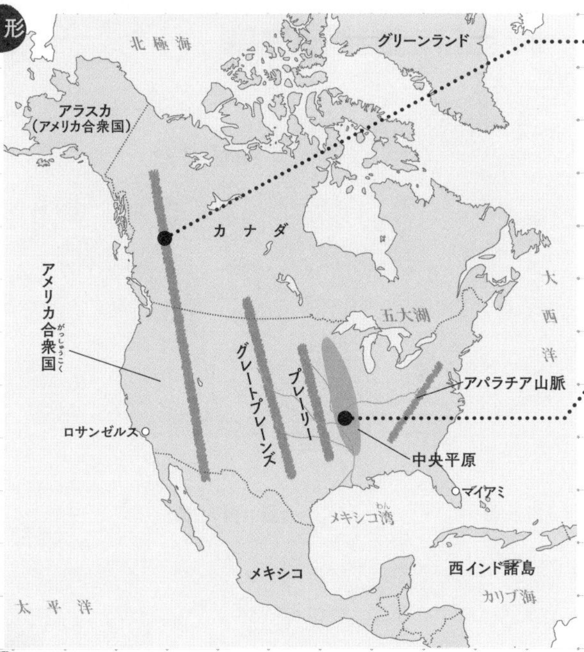

□ 01 ＿＿＿＿＿＿山脈：
環太平洋造山帯に属する。

□ 02 ＿＿＿＿＿＿川：
中央平原を流れる。

南東部は，熱帯低気圧のハリケーンに襲われることが多いよ。

気候

□ 西部の山脈の東側は乾燥帯，太平洋沿いの地域は 03 ＿＿＿＿帯。

ロサンゼルス

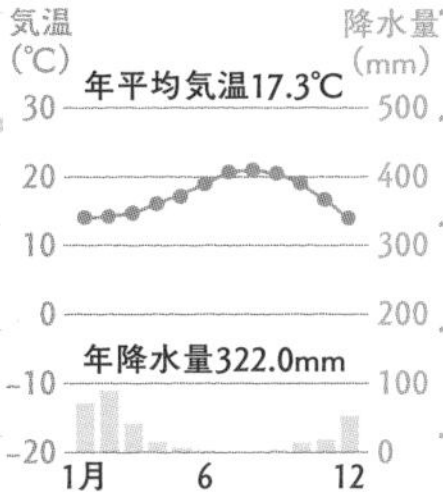

（令和2年版「理科年表」）

□ 東部の大部分は温帯，フロリダ半島の南部は 04 ＿＿＿＿帯。

マイアミ

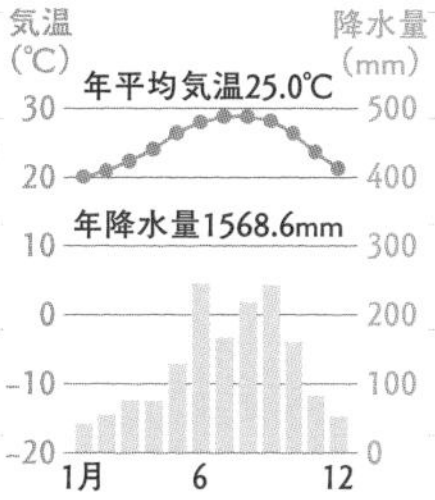

（令和2年版「理科年表」）

アメリカ合衆国の社会

先住民。

スペイン語を話すよ。

□ 多民族国家：ネイティブアメリカン，ヨーロッパ系，アフリカ系，05 ＿＿＿＿＿＿（メキシコや中央アメリカからの移民）など。

生活・文化

□ 06 ＿＿＿＿＿＿中心の社会：
高速道路網の整備，ショッピングセンターの利用。

□ ジャズ，ジーンズ，ファストフード，野球などの文化。
➔ 世界中に広まる。

□ 多国籍企業が活躍。

THEME **北アメリカ州**

アメリカ合衆国の農業

☐ 07 ＿＿＿＿＿：地域の気候や土壌に合った農作物を栽培する。

☐ 08 ＿＿＿＿＿的な農業：機械化やバイオテクノロジーの利用などにより，少ない労働力で広い面積を経営。

☐ 穀物メジャー：巨大な穀物商社。

➔ アメリカは「世界の食料庫」。

アメリカ合衆国の主な農業地域

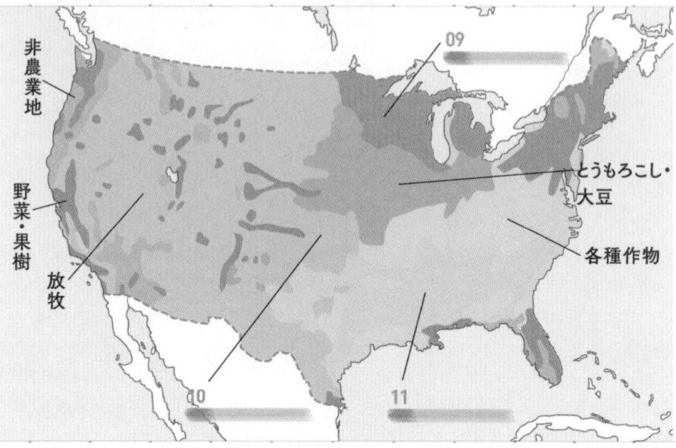

主な農作物の輸出量の割合

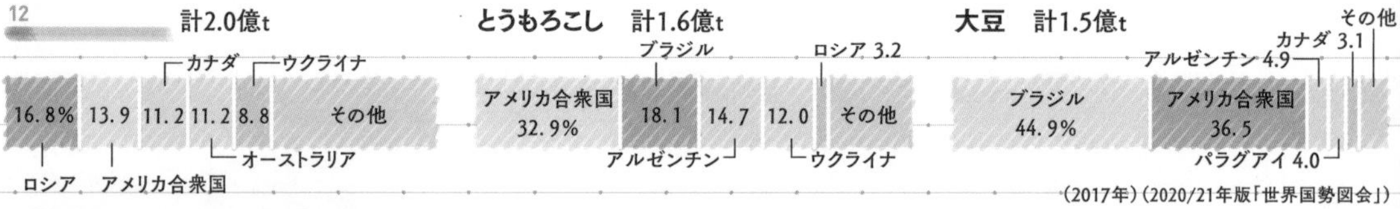

（2017年）（2020/21年版「世界国勢図会」）

アメリカ合衆国の鉱工業

☐ 五大湖周辺：ピッツバーグで鉄鋼業，デトロイトで自動車工業。

☐ 13 ＿＿＿＿＿：北緯37度以南の地域。ICT（情報通信技術）産業や航空宇宙産業がさかん。

➔ 工業の中心地になる。

☐ 14 ＿＿＿＿＿：サンフランシスコの南にある。ICT関連企業が集中し，先端技術（ハイテク）産業が発達。

アメリカ合衆国の主な鉱産資源と工業

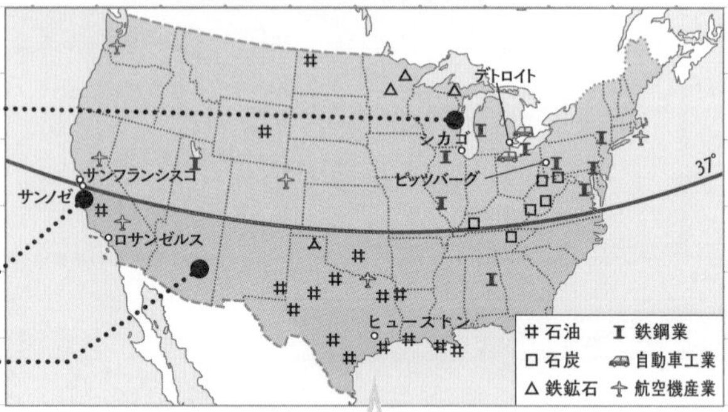

北緯37度以南の地域は温暖で，土地と資源と労働力にめぐまれていたんだ。

北アメリカ州の結びつき

☐ NAFTA（北米自由貿易協定）：アメリカ，メキシコ，カナダが結成。カナダとメキシコに，アメリカの自動車や機械などの工場が進出。

➔ USMCA（アメリカ・メキシコ・カナダ協定）という新しい協定になった。

THEME 地理 **南アメリカ州**

まだまだ　もう少し　ばっちり

南アメリカ州の自然

地形

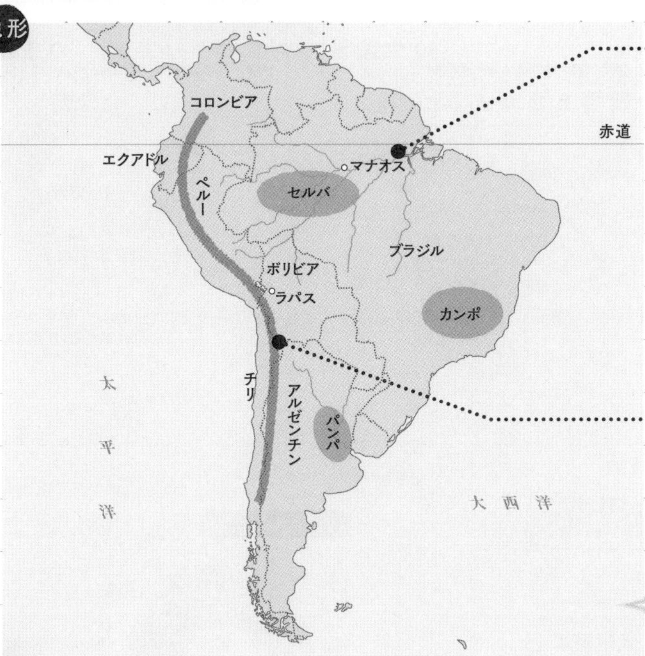

□ 01 ＿＿＿＿ 川：流域面積が世界一。流域に熱帯雨林。

□ 02 ＿＿＿＿ 山脈：環太平洋造山帯に属する。

⚠ セルバはアマゾン川流域の熱帯雨林，パンパはラプラタ川流域の草原だよ。

気候

□ 山脈の，標高の高い地域は 03 ＿＿＿＿ 気候。比較的涼しい。

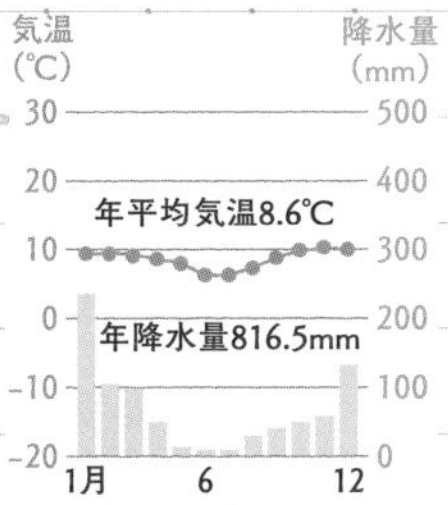

（平成28年版「理科年表」ほか）

□ 北部の大部分は 04 ＿＿＿＿ 帯。南部のラプラタ川流域などは温帯。

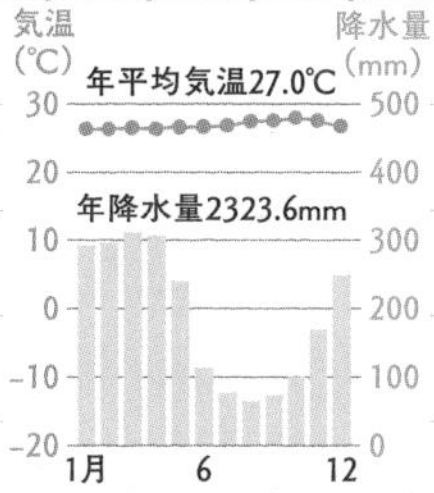

（令和2年版「理科年表」）

南アメリカ州の歩みと言語

□ かつて先住民の文明が繁栄した。（インカ帝国など。）

□ 16世紀：ほとんどの地域がスペインやポルトガルの植民地に。

□ 20世紀初め：日本人がブラジルなどへ移住。➔ 今も多くの日系人が暮らす

□ 現在：05 ＿＿＿＿ とヨーロッパ系の混血であるメスチーソ（メスチソ）が多い。

言語区分

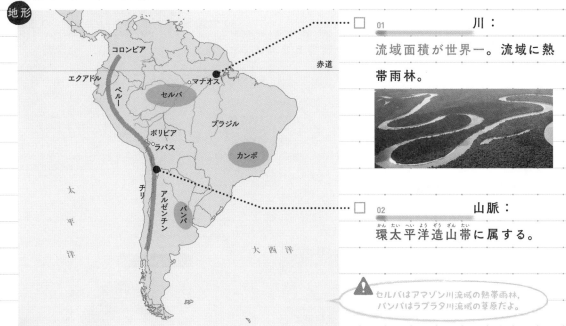

□ ブラジルは 06 ＿＿＿＿ 語。それ以外のほとんどの国は 07 ＿＿＿＿ 語。

THEME 南アメリカ州

南アメリカ州の農業

- □ ブラジル：プランテーションでの 08 ＿＿＿＿ の生産量は世界一で，さとうきびや大豆の栽培もさかん。
- □ アルゼンチン：ラプラタ川流域の 09 ＿＿＿＿（大草原）で小麦や大豆の栽培，肉牛の飼育。
- □ 10 ＿＿＿＿ 農業：森林を焼き払い，その灰を肥料として利用する農業。

数年で移動しながら，バナナやいも類などを栽培するよ。

08 ＿＿＿＿ の生産量

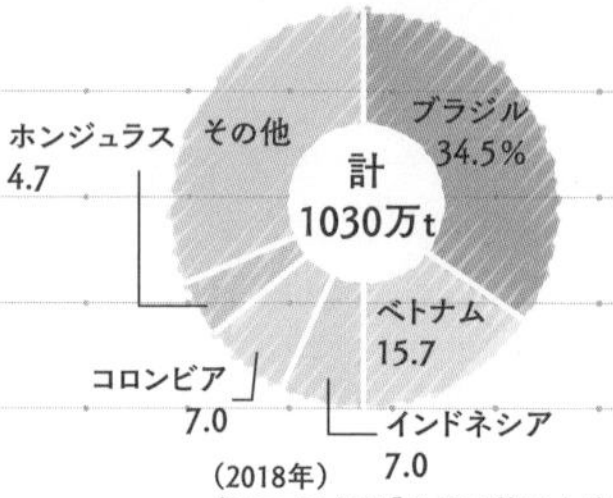

（2018年）（2020/21年版「世界国勢図会」）

南アメリカ州の鉱工業

- □ 南アメリカ州は鉱産資源が豊富。

資源	主な産出国
原油	ベネズエラやエクアドル
鉄鉱石	ブラジル → 大規模な露天掘り
11 ＿＿＿＿	チリやペルー → 大規模な露天掘り
レアメタル（希少金属）	ボリビアやチリなど各国

チリの輸出品

日本へも多く輸出されているんだよ！

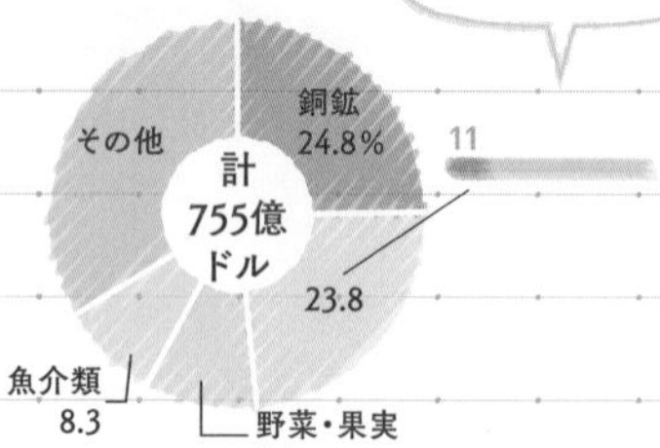

（2018年）（2020/21年版「世界国勢図会」）

ブラジルとアルゼンチン

- □ かつては，特定の農作物や鉱産資源の輸出に頼る 12 ＿＿＿＿ 経済。
近年は，工業化して，鉄鋼業や自動車工業などが発展。➡ 機械類も輸出。

- □ 13 ＿＿＿＿ の輸出品の変化

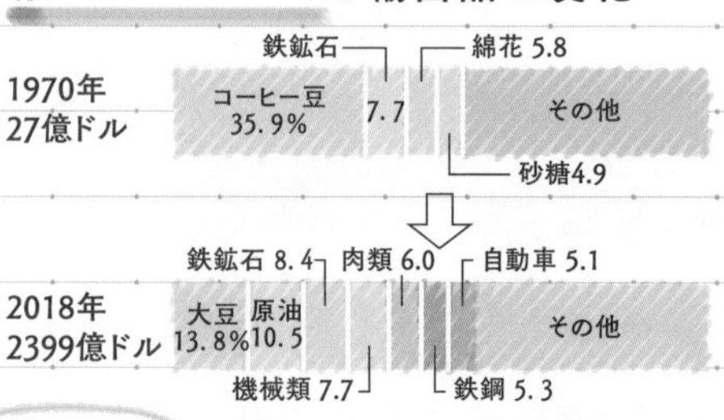

（2020/21年版「世界国勢図会」ほか）

南アメリカ州の課題

- □ 開発のためアマゾン川流域の 14 ＿＿＿＿ を伐採。
➡ 15 ＿＿＿＿（バイオ燃料）で走る自動車の普及など，持続可能な開発の努力。
- □ スラム：大都市で，治安や生活環境の悪い地区。

バイオ燃料を売っているよ。

(Cynet Photo)

▲ブラジルのガソリンスタンド

THEME 地理 アフリカ州／オセアニア州

まだまだ　もう少し　ばっちり

アフリカ州の自然

地形

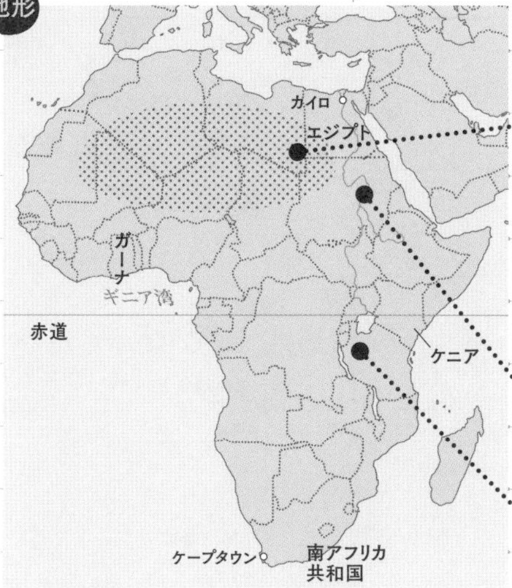

☐ 01 ＿＿＿＿ 砂漠：世界最大の砂漠。

☐ 02 ＿＿＿＿ 川：世界最長の川。

☐ サバナ：低木がまばらに生える熱帯草原。雨季と乾季がある。

気候

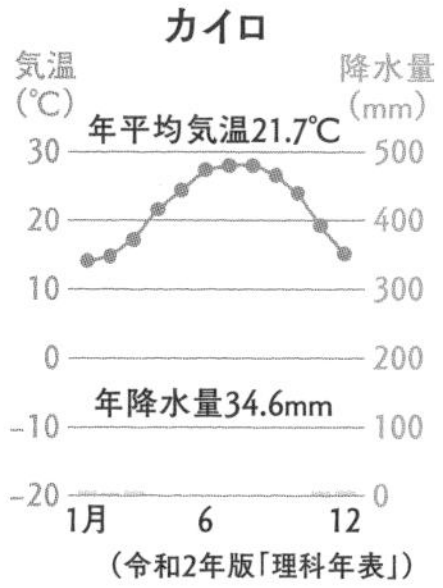

（令和2年版「理科年表」）

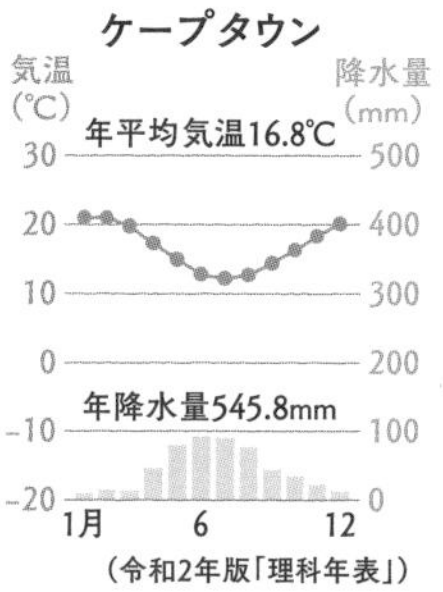

（令和2年版「理科年表」）

アフリカ州の産業

☐ 03 ＿＿＿＿：植民地時代に開かれた大農園。

➔ 輸出用のカカオや茶などを栽培。

☐ 鉱業：金やダイヤモンドのほか，05 ＿＿＿＿（希少金属）を多く産出する。

いずれも，南アフリカ共和国で多く産出するよ。

☐ 04 ＿＿＿＿ の生産

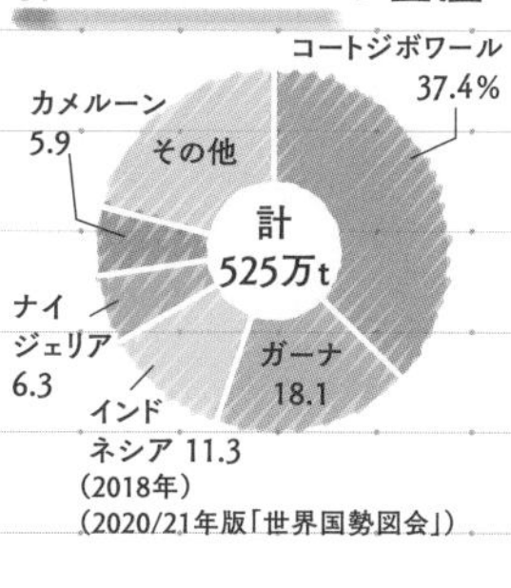

(2018年)
(2020/21年版「世界国勢図会」)

ギニア湾岸の国々で栽培がさかんだよ。

アフリカ州の課題

☐ 06 ＿＿＿＿ 経済：特定の農作物や鉱産資源の輸出に頼る。➔ 経済的に不安定。

☐ 07 ＿＿＿＿：干ばつや家畜の増加などが原因で，サヘル（サハラ砂漠の南の縁）で進む。

☐ 民族紛争，スラム，貧困，食料不足の問題も。

☐ 各国や国連の機関，08 ＿＿＿＿（非政府組織）などが支援。

THEME アフリカ州／オセアニア州

オセアニア州の自然

□ グレートアーテジアン盆地（ぼんち）：大鑽井盆地（だいさんせい）ともいう。

地形

□ 09 ______ の島々：火山島も多い。

気候

アリススプリングス

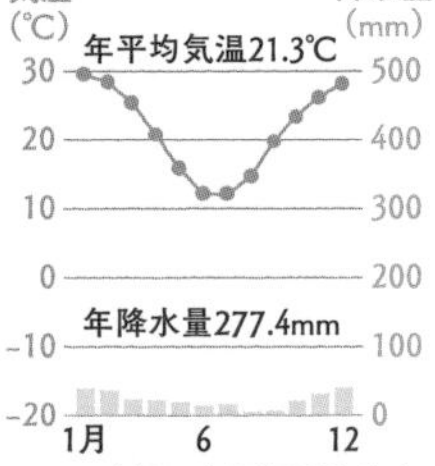

（令和2年版「理科年表」）

オーストラリアの内陸部は乾燥帯（かんそうたい）。太平洋（たいへいよう）の島々は熱帯だよ。

シドニー

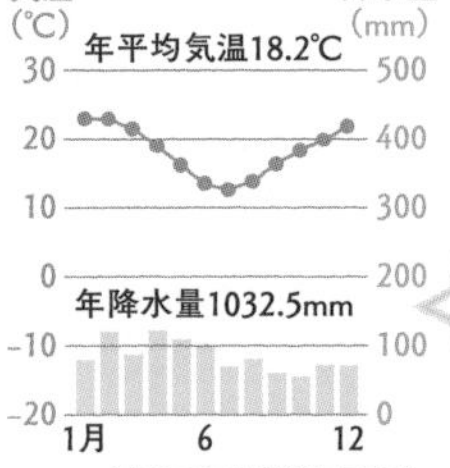

（令和2年版「理科年表」）

日本と季節が逆だよ。

オセアニア州の産業

農牧業

□ オーストラリア：10 ______ と肉牛の飼育（しいく），小麦の栽培（さいばい）がさかん。

□ ニュージーランド：肉用の 10 ______ と乳牛（にゅうぎゅう）の飼育がさかん。

オーストラリアの鉱業

□ 露天掘り（ろてんぼり）：地表を削って（けずって）採掘（さいくつ）。

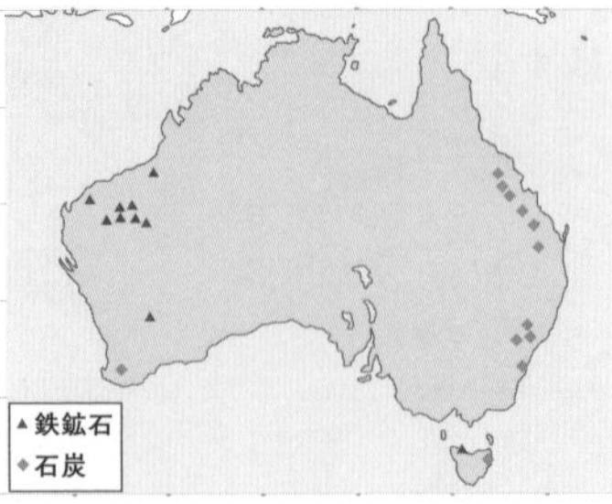

(Cynet Photo)

▲鉄鉱石（てっこうせき）の露天掘り（オーストラリア）

⚠□ 西部で 11 ______，東部で 12 ______ を産出。

オセアニア州の歴史

□ 先住民：オーストラリアは 13 ______，ニュージーランドは 14 ______。

□ オーストラリアの 15 ______ 政策（せいさく）は廃止（はいし）。➔ 多文化社会を目指す。

□ アジア太平洋（たいへいよう）経済協力会議（APEC（エイペック））など，アジアとの結びつきを強める。

EME 地理 日本の自然環境

まだまだ　もう少し　ばっちり

世界の地形

造山帯は大地の動きが活発で，山々が連なる地域だよ。

二つの造山帯

☐ アルプス・ヒマラヤ造山帯：ユーラシア大陸南部に連なる。

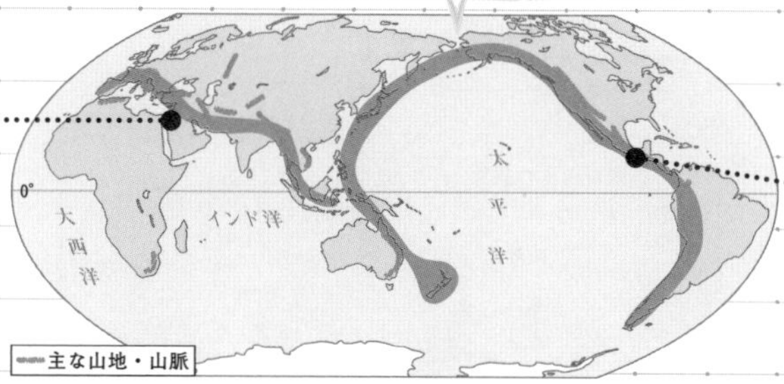

☐ 01 ＿＿＿＿ 造山帯：アンデス山脈やロッキー山脈などが属する。

日本の地形

日本の国土の約４分の３は山地だよ！

☐ 02 ＿＿＿＿：3000 m 級の山々が連なる。

(Cynet Photo)

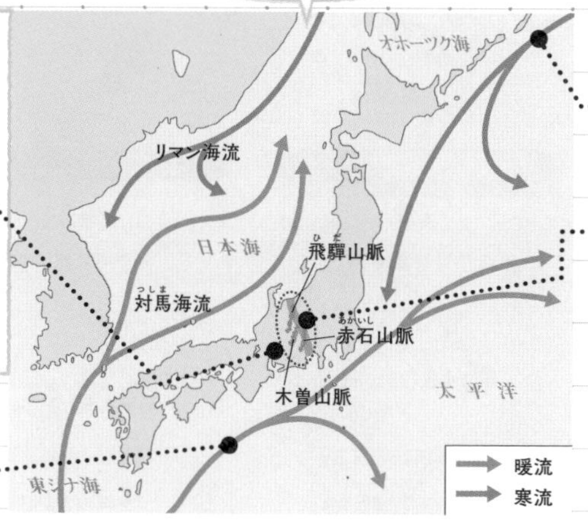

☐ ⚠ 03 ＿＿＿＿：日本海流ともいう。

☐ ⚠ 04 ＿＿＿＿：千島海流ともいう。

☐ 05 ＿＿＿＿：溝状の地形で南北に伸びる。

ここを境に，東日本と西日本の地形が大きく変わる。

海岸地形と海底地形

☐ 06 ＿＿＿＿ 海岸：山地が海に沈み込んでできた。入り江と岬が入り組む。
→ 三陸海岸や志摩半島，若狭湾岸などにみられる。

ほかに，砂浜海岸や岩石海岸があるよ。

(学研写真資料)

川と平地の特色

☐ 日本の川は長さが短く，傾斜が 09 ＿＿＿＿。

☐ 10 ＿＿＿＿

☐ 11 ＿＿＿＿

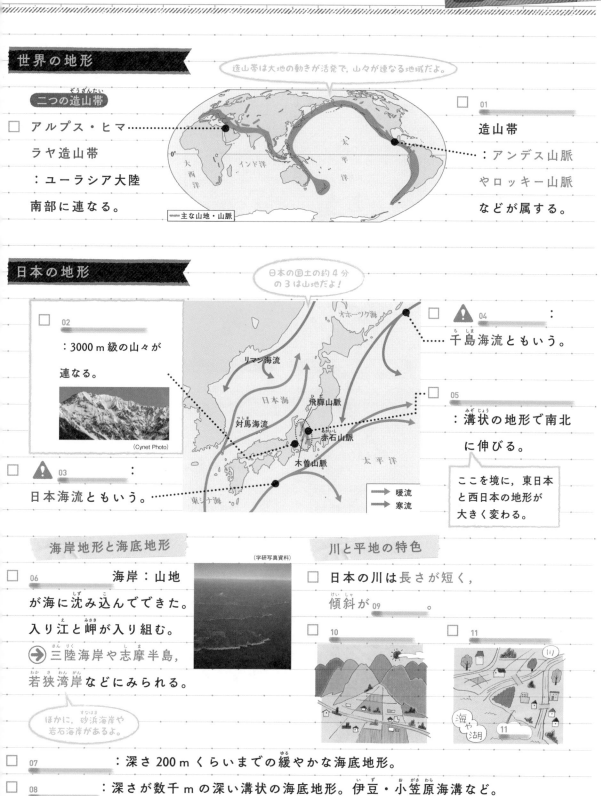

☐ 07 ＿＿＿＿：深さ 200 m くらいまでの緩やかな海底地形。

☐ 08 ＿＿＿＿：深さが数千 m の深い溝状の海底地形。伊豆・小笠原海溝など。

THEME 日本の自然環

日本の気候

□ 日本の大部分は温帯の温暖湿潤気候に属し，季節風（モンスーン）の影響を受ける。

日本海側の気候

12 ＿＿＿＿ の季節風
➔ 冬の降水量が多い。

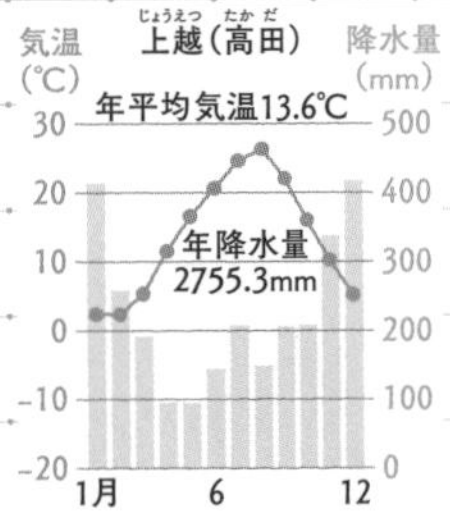

(令和2年版「理科年表」)

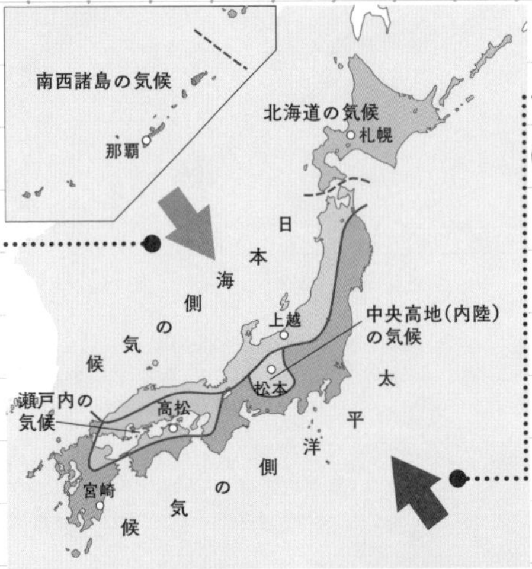

太平洋側の気候

13 ＿＿＿＿ の季節風
➔ 夏の降水量が多い。

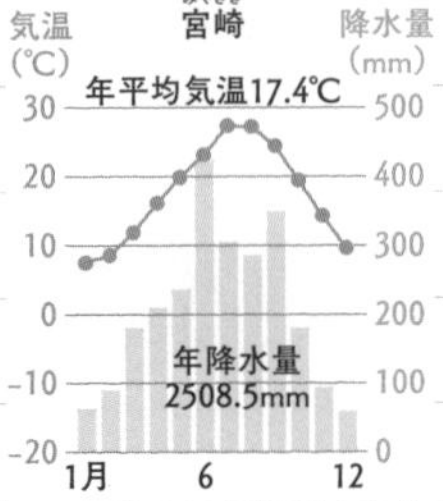

(令和2年版「理科年表」)

南西諸島の気候

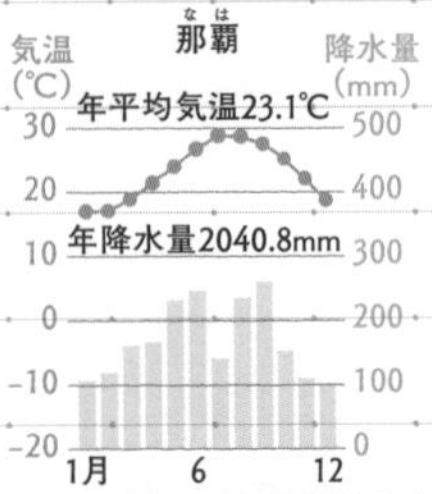

(令和2年版「理科年表」)

冬でも温暖で降水量が多い。

14 ＿＿＿＿ の気候

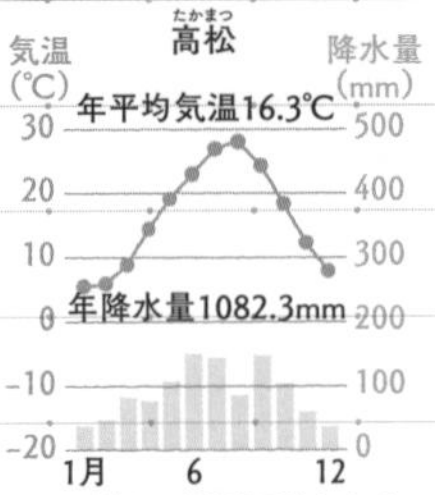

(令和2年版「理科年表」)

温暖で降水量が少ない。

中央高地(内陸)の気候

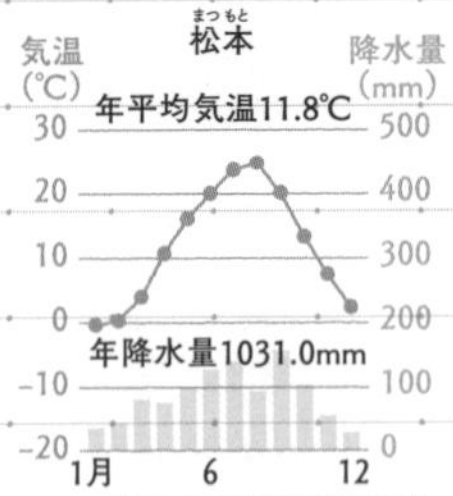

(令和2年版「理科年表」)

降水量が少なく夏と冬の気温差が大きい。

15 ＿＿＿＿ の気候

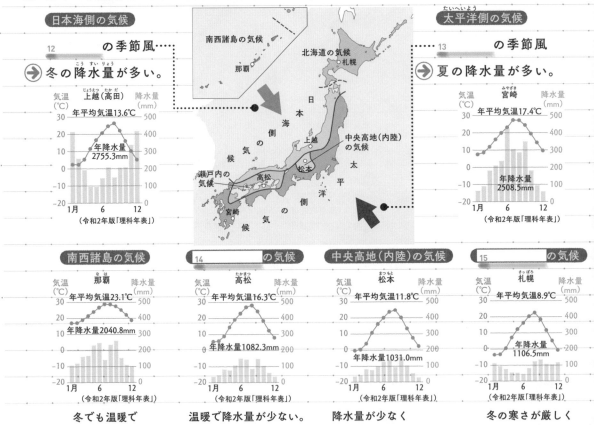

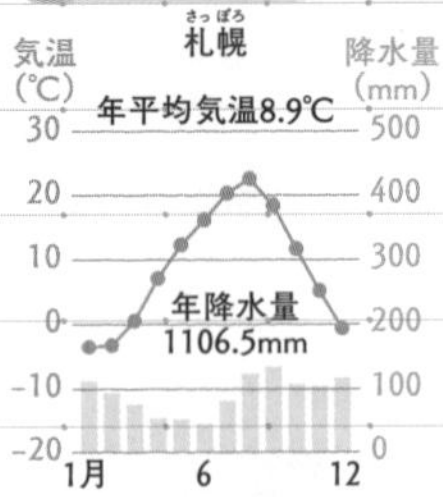

(令和2年版「理科年表」)

冬の寒さが厳しく降水量が少ない。

日本の自然災害

□ 地震：土砂崩れや地盤の液状化を起こす。2011年の 16 ＿＿＿＿ 大震災など。

（巨大な津波が発生して被害が大きくなった。）

□ 火山の噴火：火山灰や火砕流。雲仙岳（長崎県）や御嶽山（長野県・岐阜県）など。

□ 気象災害：梅雨や台風で洪水・土石流・高潮，干害や冷害で農作物に被害。

□ 17 ＿＿＿＿（防災）マップ：

地方自治体などが防災や減災を目的に作成。

（被害の予測や避難場所などを記した地図だよ。）

公助 行政の災害対策	➔	共助 人々と助け合う	自助 自身や家族を守る
だけでなく		も必要。	

No. 社会
SOCIAL STUDIES

THE LOOSE-LEAF STUDY GUIDE
GAKKEN PLUS

Date

THEME 歴史 文明のおこり

原始・古代の主なできごと

時代	年代	できごと
原始	☐ 約700万〜600万年前	01 ＿＿＿＿ に人類が出現する
	☐ 約1万年前	このころ、日本列島ができた！ 狩りや採集の生活＝旧石器時代 農耕や牧畜が始まる＝新石器時代
古代	☐ 紀元前3000年ごろ	02 ＿＿＿＿ 川・ユーフラテス川流域でメソポタミア文明がおこる
		03 ＿＿＿＿ 川流域でエジプト文明がおこる
	☐ 紀元前2500年ごろ	インダス川流域でインダス文明がおこる
	☐ 紀元前16世紀ごろ	黄河（ホワンホー）流域で殷（いん）がおこる
	☐ 紀元前8世紀ごろ	ギリシャに多くの都市国家（ポリス）ができる　アテネで民主政が行われる
	☐ 紀元前6世紀ごろ	孔子（こうし）が現れ儒学（儒教）（じゅがく（じゅきょう））を説く
	☐ 紀元前5世紀ごろ	シャカが生まれる ➡ 04 ＿＿＿＿ 教を開く
	☐ 紀元前221	05 ＿＿＿＿ の始皇帝（しこうてい）が中国（ちゅうごく）を統一 ➡ 万里（ばんり）の長城（ちょうじょう）を整備する
	☐ 紀元前202	漢（かん）が中国を統一
	☐ 紀元前27	ローマ帝国（ていこく）が成立 ➡ 紀元前6世紀に共和政になる
	☐ 紀元前4	このころイエスが生まれる ➡ 06 ＿＿＿＿ 教を開く
	〈紀元〉	
中世	☐ 610	このころムハンマドが 07 ＿＿＿＿ 教を開く

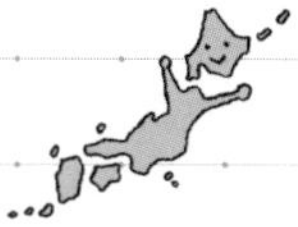

人類の進化

	出現時期	人類	特徴
☐	約700万〜600万年前	08 ＿＿＿＿	アフリカに出現。10 ＿＿＿＿ 石器をつくり始める。
	約200万年前	原人（げんじん）	火，言葉を使用。
	約20万年前	09 ＿＿＿＿	現在の人類の直接の祖先。

旧石器時代と新石器時代

使い始めた石器の種類が違うよ。

	時代	旧石器時代	新石器時代
☐	生活	狩りや採集	農耕や牧畜
	道具	10 ＿＿＿＿ 石器	土器や 11 ＿＿＿＿ 石器

(明治大学博物館)

打ち欠いてつくった。

みがいてつくった。

(國學院大學博物館)

▲ 10 ＿＿＿＿ 石器　▲ 11 ＿＿＿＿ 石器

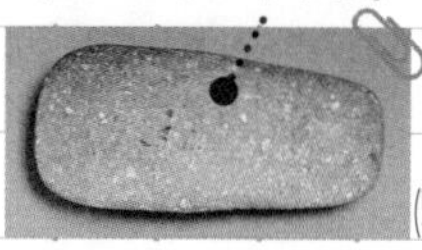

THEME 文明のおこ

古代文明

☐ 12 ＿＿＿＿＿ 文明

チグリス川・ユーフラテス川流域

13 ＿＿＿＿＿ 暦を発明

(学研写真資料)

▲ 14 ＿＿＿＿＿ 文字

漢字のもとになった。

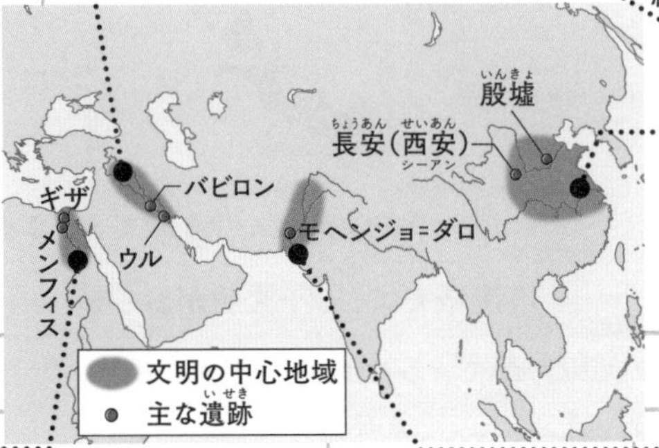

☐ 中国文明

長江や黄河の流域

紀元前16世紀ごろ黄河流域に殷

(國學院大學博物館)

▲ 17 ＿＿＿＿＿ 文字

☐ 15 ＿＿＿＿＿ 文明

ナイル川流域

16 ＿＿＿＿＿ 暦を発明

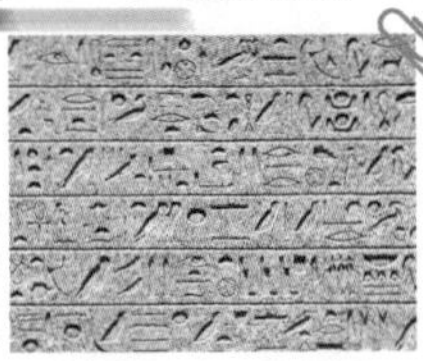

(学研写真資料)

▲象形文字（神聖文字）

(学研写真資料)

▲ピラミッドとスフィンクス

☐ インダス文明

インダス川流域

モヘンジョ＝ダロなどの都市遺跡

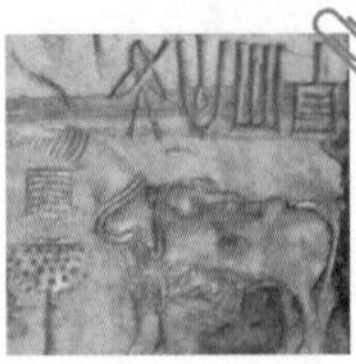

(学研写真資料)

▲インダス文字

中国の古代帝国の移り変わり

☐「殷 → 周 → 春秋・戦国時代 → 秦 → 漢」の順。

殷（前16世紀ごろ～前11世紀ごろ）
↓
周（前11世紀ごろ～前8世紀ごろ）
↓
春秋・戦国時代（前8世紀～前3世紀）
→
秦（前3世紀）
→
漢（前3世紀～後3世紀）

始皇帝は，北方の遊牧民の侵入を防ぐために万里の長城を整備した。

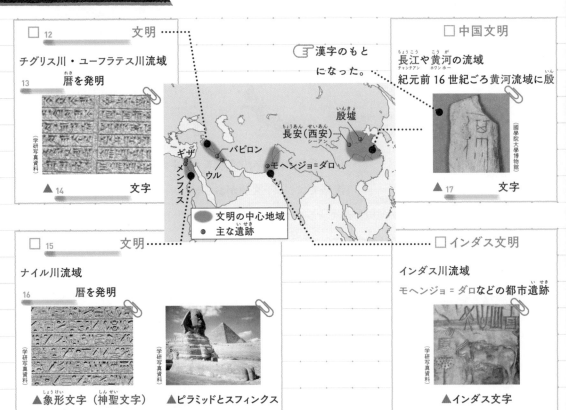

西方と中国を結ぶシルクロード（絹の道）という交通路が開かれた。

宗教のおこり

☐ ●仏教：紀元前５世紀ごろ インドで 18 ＿＿＿＿＿ が開く。

●キリスト教：１世紀初め パレスチナで 19 ＿＿＿＿＿ が開く。

●イスラム教：７世紀初め アラビア半島で 20 ＿＿＿＿＿ が開く。

THEME 歴史 # 日本の成り立ち

まだまだ もう少し ばっちり

原始・古代の主なできごと

時代	年代	できごと
旧石器時代	□	大陸と陸続きだった日本列島に人々が移り住む
縄文時代	□約1万年前	日本列島が形成される
弥生時代	□紀元前4世紀ごろ	大陸から 01＿＿＿＿ と 02＿＿＿＿ や鉄器が伝わる
弥生時代	〈紀元〉	
弥生時代	□57	倭の奴国の王が漢に使いを送る ➡ 03＿＿＿＿ を授かる（「漢委奴国王」と刻まれている。）
弥生時代	□239	邪馬台国の女王 04＿＿＿＿ が魏に使いを送る（魏志倭人伝に記されているよ。）
古墳時代	□3世紀後半	05＿＿＿＿ の統一がすすむ（5世紀には九州地方から東北地方南部までの豪族を支配。）
古墳時代		➡ 各地に大きな 06＿＿＿＿ がつくられる（豪族や王の墓。）
古墳時代	□478	倭王武が中国の南朝に使いを送る
古墳時代	□538	百済から 07＿＿＿＿ が伝わる（552年説もあり）

（福岡市博物館所蔵 画像提供：福岡市博物館/DNPartcom）

このころ，朝鮮半島から多くの 08＿＿＿＿ が日本列島に移り住んだ。

大陸と陸続きだった日本列島

□ 岩宿遺跡で 09＿＿＿＿ が発見される ➡ 日本の旧石器時代の存在が明らかになった。

打ち欠いてつくった。

群馬県にあるよ。

（明治大学博物館）

野尻湖でナウマンゾウやオオツノジカの化石が発見された。

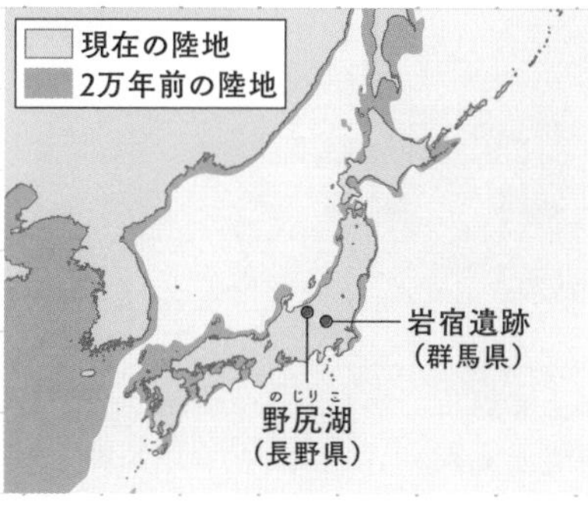

◀2万年前の日本列島：マンモスなど，大型の動物を追って人々が移り住んだ。

縄文時代→弥生時代→古墳時代

□ 縄文時代：狩りや採集の生活

▲10 ＿＿＿＿土器

▲11 ＿＿＿＿：食物の豊かさなどを祈るのに使われたとされる。

食べ物の残りかすなどを捨てた貝塚ができたよ。

(2点ともColBase(https://colbase.nich.go.jp))

(塩尻市立平出博物館)

人々はたて穴住居に住んでいたよ。

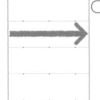

□ 弥生時代：稲作が広まる

➔ 小さな国々ができる。

(ColBase(https://colbase.nich.go.jp))

▲12 ＿＿＿＿土器

(ColBase(https://colbase.nich.go.jp))

青銅器の1つだよ。

▲13 ＿＿＿＿：祭りの宝物。

(静岡市立登呂博物館)

◀14 ＿＿＿＿：収穫した稲を蓄えた。

奴国の王…1世紀半ば（57年）

漢に使いを送る ➔ 03 ＿＿＿＿を授かる。

邪馬台国の卑弥呼…239年

15 ＿＿＿＿に使いを送る ➔「親魏倭王」の称号，銅鏡などを授かる。

縄文・弥生時代の主な遺跡

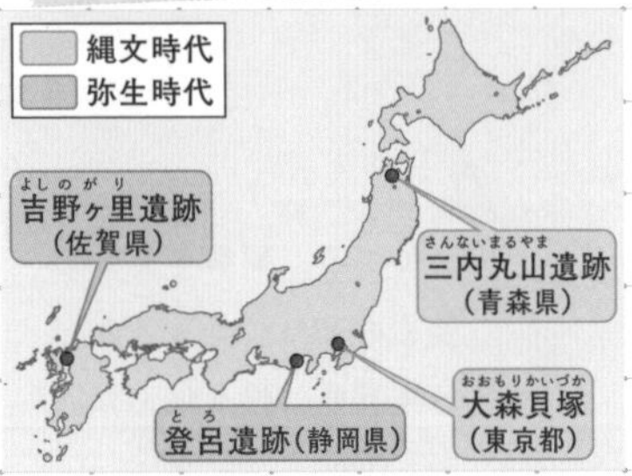

□ 古墳時代：大和政権が発展する

➔ 王は16 ＿＿＿＿と呼ばれる。

(学研写真資料)

▲大仙（大山，仁徳陵）古墳：日本で最も大きな17 ＿＿＿＿墳。

(ColBase (https://colbase.nich.go.jp))

▲18 ＿＿＿＿：古墳の上や周りに並べられた。

5世紀の東アジア

□

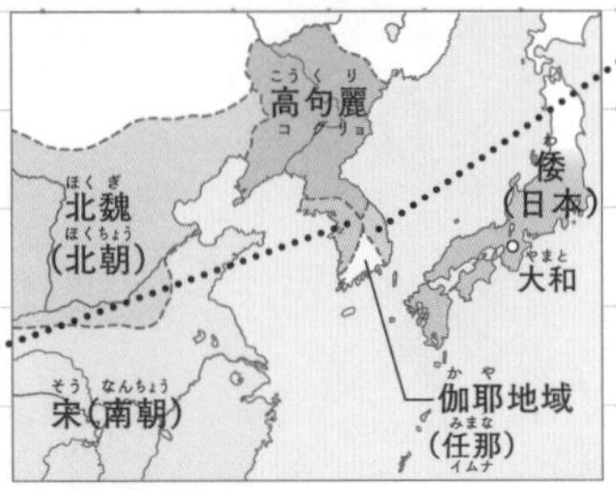

19 ＿＿＿＿

20 ＿＿＿＿

⚠「百済と新羅」➔日本列島に近い方が 新羅。

THEME 歴史

聖徳太子の政治と大化の改新

まだまだ　もう少し　ばっちり

飛鳥時代の主なできごと

時代	年代	できごと
飛鳥時代	□593	聖徳太子が推古天皇の 01 ＿＿＿＿ となる
	□603	聖徳太子が 02 ＿＿＿＿ を定める
	□604	聖徳太子が 03 ＿＿＿＿ の憲法を定める
	□607	聖徳太子が 04 ＿＿＿＿ らを 05 ＿＿＿＿ として隋に送る（すすんだ文化を取り入れるため，正式な国交を目指した。）
	□630	第一回 06 ＿＿＿＿ が派遣される
	□645	07 ＿＿＿＿（のちの天智天皇。）と中臣鎌足らが 08 ＿＿＿＿ を始める
	□663	09 ＿＿＿＿ の戦いで唐と新羅（しんら）の連合軍に敗れる
	□668	07 ＿＿＿＿ が即位して天智天皇となる
	□672	天智天皇の死後，10 ＿＿＿＿ の乱が起こる
	□701	11 ＿＿＿＿ が制定される ➔ 律令に基づく政治が始まる

□ 03 ＿＿＿＿ の憲法

一に曰く，和をもって貴しとなし，さからうことなきを宗とせよ。
二に曰く，あつく三宝を敬へ。三宝とは仏・法・僧なり。
三に曰く，詔をうけたまわりては必ずつつしめ。

（初めの3条の一部）

聖徳太子の政治

□ 蘇我馬子と協力して大王（天皇）を中心とする政治制度を整えようとした。

聖徳太子（厩戸皇子）

推古天皇（聖徳太子のおば。） ← 01 ＿＿＿＿ となり，代わりに政治を行う ― 聖徳太子 ← 協力 → 蘇我馬子

02 ＿＿＿＿：家柄にとらわれず，才能や功績のある人物を役人に取り立てる制度。

03 ＿＿＿＿ の憲法：役人の心構えを示した。

05 ＿＿＿＿ の派遣：すすんだ制度や文化を取り入れるため，04 ＿＿＿＿ らを隋に派遣した。

THEME 聖徳太子の政治と大化の改新

飛鳥文化

□ 大王（天皇）がいた飛鳥地方を中心に栄えた，日本で最初の 12 ＿＿＿ 文化。

（学研写真資料撮影（法隆寺））

▲ 13 ＿＿＿：現存する世界最古の木造建築。

（法隆寺）

渡来人の子孫によってつくられたよ。

▲ 13 ＿＿＿ の釈迦三尊像

大化の改新と壬申の乱

□ 大化の改新　中大兄皇子と 14 ＿＿＿ らが蘇我氏をたおして始めた政治改革。
（14：のちの藤原鎌足。）

➡ □ ☞土地と人民を，国家が直接支配する 15 ＿＿＿ の方針を示す。

天智天皇の死後に起きた！

□ 壬申の乱　天皇のあとつぎをめぐる，天智天皇の弟（大海人皇子）と子（大友皇子）の戦い。

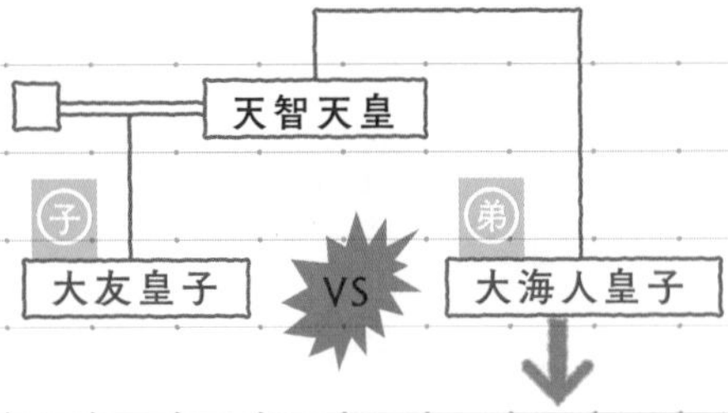

勝利して即位し，16 ＿＿＿ 天皇となる。

□ 7世紀半ばの東アジア

09 ＿＿＿ の戦いで倭国の軍が唐と新羅の連合軍に敗れる。

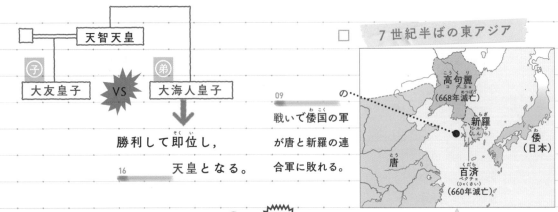

676年，新羅は朝鮮半島を統一したよ。

⚠ 大化の改新を行った中大兄皇子は ➡ 天智天皇。
壬申の乱に勝利したのは ➡ 天武天皇。

THEME　歴史　**奈良の都と天平文化**

✓ まだまだ　✓ もう少し　✓ ばっちり

奈良時代の主なできごと

時代	年代	できごと
奈良時代	☐ 710	01 ＿＿＿ に都を移す ➡ 奈良時代の始まり └ 唐の都長安を手本につくられた。
	☐ 723	三世一身法が出される ➡ 新たに開墾した土地の3代（孫またはひ孫）までの私有を認める
	☐ 741	聖武天皇が，国ごとに国分寺・国分尼寺の建立を命じる
	☐ 743	02 ＿＿＿ が出される● ……………… ☞ 口分田が不足してきたので，人々に開墾をすすめるために出された。 ➡ 新たに開墾した土地の私有を認める ➡ 貴族や寺院は私有地を増やす └ やがて荘園と呼ばれるようになる。
	☐ 752	東大寺の大仏が完成する
	☐ 754	唐の僧 03 ＿＿＿ が平城京に到着する └ 遣唐使に伴われて来日。

奈良時代の人々の負担

☐ 04 ＿＿＿ 法に基づいて6歳以上のすべての人々に

05 ＿＿＿ が与えられ，死ぬと国に返させた。

☐ 人々は，05 ＿＿＿ の面積に応じて租を負担。

死ぬと国に返す
班田収授法
「口分田」
与える
租 ○ 祖 ×

☐ 主に成人男子には，調・庸のほか，労役や兵役が課せられた。

☐ 税

06 収穫量の約3%。

07 地方の特産物。

08 労役の代わりに麻布など。

☐ 労役　兵役

雑徭　国司のもとで労働。

衛士　都の警備。

防人　九州北部の警備。

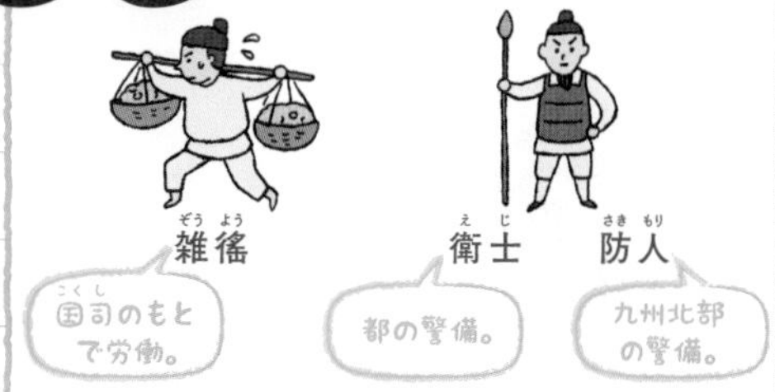

THEME 奈良の都と天平文化

聖武天皇の政治

□ 09＿＿＿＿ の力によって国家を守ろうと考えた。

➔ 都には 10＿＿＿＿ を，地方には国ごとに国分寺・国分尼寺を建てた。

➔ 東大寺に金銅の 11＿＿＿＿ をつくった。

（東大寺）

天平文化

□ 都を中心に栄えた，仏教と唐の文化の影響を強く受けた国際的な文化。

私は鑑真です。

奈良に 15＿＿＿＿ を建てました。

正式な仏教の教えを伝えました。

□ 文学

『12＿＿＿＿』 『日本書紀』	歴史書	神話や国の成り立ち，天皇家の由来などを記す。
『13＿＿＿＿』	地理書	地方の国ごとに自然，産物，伝説などを記す。
『14＿＿＿＿』	和歌集	万葉仮名を用いて，天皇や貴族，農民や防人の歌を収める。

□ 正倉院と正倉院の宝物

（正倉院正倉）

▲16＿＿＿＿：聖武天皇が使用した道具などを納めていた校倉造の倉庫。

◀瑠璃坏

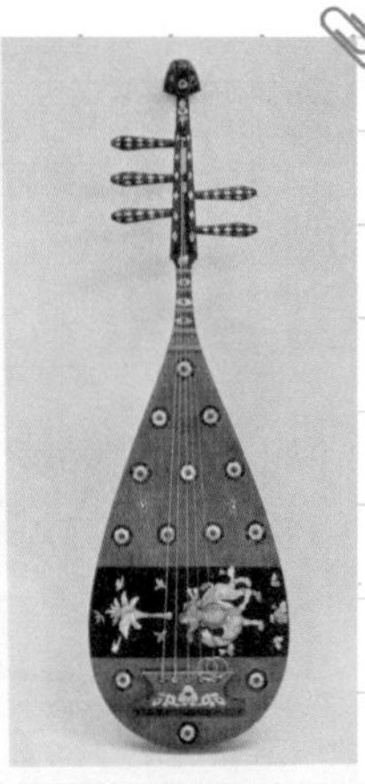

（2点とも正倉院宝物）

▲インドを起源とする螺鈿紫檀五絃琵琶

□ 富本銭と和同開珎

（奈良文化財研究所）

▲富本銭

天武天皇の時代につくられた日本で最初の銅銭だよ。

都の東西に置かれた市で使われたよ。

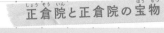

（株式会社みずほ銀行）

▲17＿＿＿＿

THEME 歴史 平安京と国風文化

まだまだ　もう少し　ばっちり

平安時代の主なできごと

時代	年代	できごと
平安時代	□794	01 ＿＿＿＿天皇が平安京に都を移す
	□797	坂上田村麻呂が 02 ＿＿＿＿に任命される ➔ 蝦夷と戦う（東北地方に住み，朝廷の支配に従おうとしない人々。）
	□894	菅原道真の訴えで 03 ＿＿＿＿の派遣が停止される
	□935	北関東で平将門が乱を起こす ➔ 武士団が平定
	□939	瀬戸内地方で藤原純友が乱をおこす
	□1016	藤原道長が 04 ＿＿＿＿となる ➔ 05 ＿＿＿＿政治は全盛へ（11世紀前半，道長と子の頼通のころだよ。）
	□1051	前九年合戦が起こる ➔ 2つの戦乱をしずめた源氏が東日本に勢力を広げる
	□1083	後三年合戦が起こる（東北地方で起こった！）
		➔ こののち 06 ＿＿＿＿が平泉（岩手県）を中心に栄えた（中尊寺金色堂を建てた。）
	□1086	白河上皇が 07 ＿＿＿＿を始める（天皇が位をゆずり，上皇となってから行った政治。）
	□1156	保元の乱が起こる ➔ 源氏と平氏が地位を高める（京都で起こった！）
	□1159	平治の乱が起こる ➔ 平氏が政治の実権を握る
	□1167	08 ＿＿＿＿が武士として初めて太政大臣となる

最澄と空海

□ 9世紀の初め，遣唐使とともに 09 ＿＿＿＿にわたり，仏教の新しい教えを日本に伝えた。

僧	最澄	空海
宗派	10 ＿＿＿＿	12 ＿＿＿＿
寺院	比叡山に 11 ＿＿＿＿を建てる。	高野山に 13 ＿＿＿＿を建てる。
特色	都から離れた山奥の寺で学問や厳しい修行をする。	

THEME 平安京と国風文化

摂関政治

□ 藤原氏が，天皇が幼いときは 04 ＿＿＿＿，成人すると 14 ＿＿＿＿ という職について行った政治。

藤原氏は，娘を天皇のきさきにし，その子を次の天皇に立てることで勢力を伸ばしたよ。

冬嗣
├ 良房
└ □ ─ 基経…道長
　　├ 頼通
　　├ 彰子（一条天皇のきさき）
　　├ 妍子（三条天皇のきさき）
　　├ 威子（後一条天皇のきさき）
　　└ 嬉子（後朱雀天皇のきさき）

▲天皇家と藤原氏との関係…道長は，4人の娘を天皇のきさきにした。

平氏の政治

藤原氏のような政治だね。

□ **政治** 娘を天皇のきさきにし，生まれた子を次の天皇に立て，一族で高い地位を独占。 ➔ 貴族や武士の不満が高まる。 ➔ 1180年，各地の源氏が兵を挙げる。

□ **貿易** 兵庫（兵庫県神戸市）の港を整え，中国の 15 ＿＿＿＿ との貿易を行った。
└ 当時は大輪田泊と呼ばれた。

国風文化

□ 唐の文化をふまえながらも，日本の風土や生活，日本人の感情に合った文化。

□ 16 ＿＿＿＿ を用いた
└ 漢字を変形してつくられた。

すぐれた文学作品が生まれる。

	作品	作者など	特色
物　語	『17 ＿＿＿＿』	紫式部	宮廷に仕えた女性による文学。
随　筆	『18 ＿＿＿＿』	清少納言	
日　記	『土佐日記』	紀貫之	日記風の紀行文。
和歌集	『古今和歌集』	紀貫之らが編集	天皇の命令でまとめられた。

□ 浄土信仰（浄土の教え）

19 ＿＿＿＿ を唱えて阿弥陀如来にすがり，死後に極楽浄土へ生まれ変わることを願う信仰。
➔ 各地に阿弥陀堂が建てられた。

京都府宇治市にあるよ。

（平等院）

▲ 20 ＿＿＿＿：藤原頼通が建てた阿弥陀堂。

THEME　歴史　**鎌倉幕府の成立と元寇**

✓ まだまだ　✓ もう少し　✓ ばっちり

鎌倉時代の主なできごと

時代	年代	できごと
平安時代	☐ 1185	壇ノ浦（山口県）で平氏が滅亡する
		国ごとに 01 ，荘園や公領ごとに 02 が設置される
鎌倉時代	☐ 1192	源頼朝が 03 に任命される
	☐ 1206	チンギス＝ハンがモンゴルを統一する
	☐ 1221	後鳥羽上皇が幕府をたおそうとして 04 の乱を起こす
		➡ 勝利した幕府は京都に 05 を設置して朝廷を監視
	☐ 1232	北条泰時が 06 を定める
		└ 3代執権。　└ 公正な裁判を行うための法。武士の慣習に基づいてつくられ，長く武士の法律の手本となった。
	☐ 1271	フビライ＝ハンが国号を元として中国を支配する
		高麗に続いて日本も従えようとしたんだ。
	☐ 1274	文永の役が起こる ┐ 07 （蒙古襲来ともいう）
	☐ 1281	弘安の役が起こる ┘ └ 元軍の2度にわたる九州北部への襲来。
	☐ 1297	永仁の 08 が出される　御家人の借金を帳消しにしたよ。
	☐ 1333	鎌倉幕府が滅亡する

鎌倉幕府のしくみと執権政治

☐ 源頼朝の死後は北条氏が幕府の実権を握り，代々 09 という地位について政治を行った（ 09 政治）。

〈鎌倉〉
将軍―執権―
侍 所（御家人の統率，軍事）
政 所（幕府の財政など）
問注所（裁判）

〈地方〉
05 （京都の警備，朝廷の監視　西日本の武士の統率）
守 護（国内の軍事・警察，御家人の統率）
地 頭（荘園や公領の管理，年貢の取り立て，警察）

▲鎌倉幕府のしくみ（承久の乱後のもの）

御恩と奉公

☞☐ 将軍と御家人は御恩と奉公の主従関係を結んだ。

領地を保護する。新たに領地を与える。守護や地頭に任命する。

10
将軍

京都や鎌倉を警備する。戦時には，将軍のために一族を率いて戦う。

11
御家人

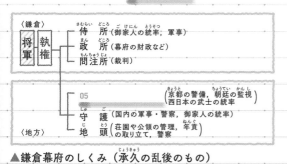

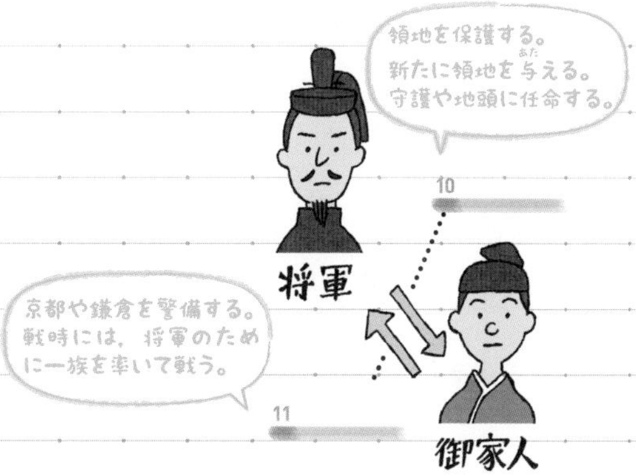

THEME 鎌倉幕府の成立と元寇

元寇(蒙古襲来)

寇 ×冠

□ 元への服属要求を執権 12 ＿＿＿＿ が無視したことで起こった。

皇帝はフビライ＝ハンだよ。

➔ 御家人の活躍と暴風雨のため元軍は引き揚げた。

こちらが元軍。

(宮内庁三の丸尚蔵館)

▲元軍との戦い：元軍は集団戦法と火薬を使った武器で幕府軍を苦しめた。

鎌倉文化

□ 貴族を中心とする伝統文化を基礎にした，武士の気風に合った力強い文化。

□ 彫刻・建築

仏師の運慶と快慶が中心となって制作したんだ。

▶ 13 ＿＿＿＿ 像

(東大寺／撮影:飛鳥園)

鎌倉時代に再建されたよ。

(東大寺／撮影:飛鳥園)

▲ 14 ＿＿＿＿ 門：左右に 13 ＿＿＿＿ 像が置かれている。

□ 文学

軍記物	『15 ＿＿＿＿』	琵琶法師によって語り伝えられる。
随筆	『徒然草』	兼好法師
	『方丈記』	鴨長明
和歌集	『16 ＿＿＿＿』	後鳥羽上皇の命令で藤原定家らが編集。

□ 新しい仏教 …わかりやすく信仰しやすかったので，多くの人々の心をとらえた。

宗派	17 ＿＿＿＿ 宗	18 ＿＿＿＿ 宗	19 ＿＿＿＿ 宗	日蓮宗(法華宗)	臨済宗	曹洞宗
開祖	法然	親鸞	一遍	日蓮	栄西(えいさい)	道元
教え	念仏を唱える。	阿弥陀如来の救いを信じる。	踊念仏などによって布教。	題目を唱えれば，人も国も救われる。	宋から伝わった 20 ＿＿＿＿ 宗の一派。座禅を組み，自力でさとりを開く。	

THEME 歴史 室町幕府と室町文化

まだまだ　もう少し　ばっちり

南北朝時代～室町時代の主なできごと

時代	年代	できごと
鎌倉時代	□1333	鎌倉幕府が滅亡する
南北朝時代	□1334	後醍醐天皇が 01＿＿＿ を始める ➔ 2年ほどでくずれる
		└ 天皇中心の新しい政治。　（貴族重視の政策に，武士の不満が高まったからだよ。）
	□1336	足利尊氏が京都に新たに天皇を立てる
	□	02＿＿＿ 天皇が吉野（奈良県）に逃れる ➔ 南北朝の動乱の始まり
	□1338	03＿＿＿ が征夷大将軍に任命される ➔ 京都に幕府を開く
	□1392	04＿＿＿ が南北朝を統一する
室町時代	□1404	足利義満が中国の 05＿＿＿ と貿易を始める（＝日 05＿＿＿ 貿易）
		…06＿＿＿ という証明書を用いた ➔ 06＿＿＿ 貿易ともいう
	□1428	正長の土一揆が起こる
	□1429	尚氏が 07＿＿＿ を建国する ➔ 中継貿易で栄える
戦国時代	□1467	08＿＿＿ が起こる
		➔ 09＿＿＿ の風潮が全国に広がる ➔ 戦国時代へ
		└ 家来が主人をたおして，地位を奪うこと。
	□1485	山城国一揆が起こる
	□1488	加賀の一向一揆が起こる

室町幕府のしくみ

□ 将軍の補佐役として 10＿＿＿ が置かれた。

京都
- 将軍
  - 10＿＿＿
    - 侍所（武士の統率，京都の警備）
    - 政所（幕府の財政）
    - 問注所（記録の保管）

地方
- 鎌倉府（関東8か国と伊豆・甲斐の支配，長官は鎌倉公方）
- 守護・地頭

（守護は守護大名に成長したよ。）

日明貿易

☞□ 11＿＿＿ と区別するため，

正式な貿易船に 06＿＿＿

という証明書をもたせた。

（大陸沿岸で密貿易や海賊行為をしていた人々だよ。）

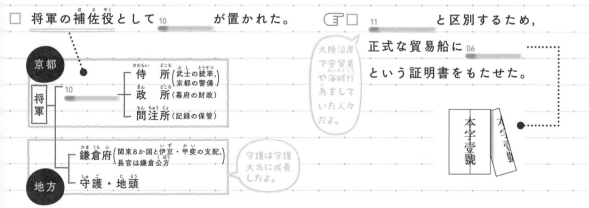

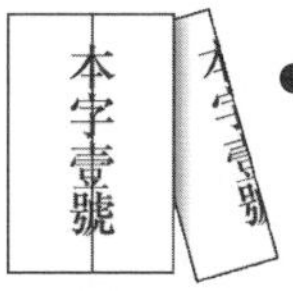

THEME 室町幕府と室町文化

主な一揆の発生地

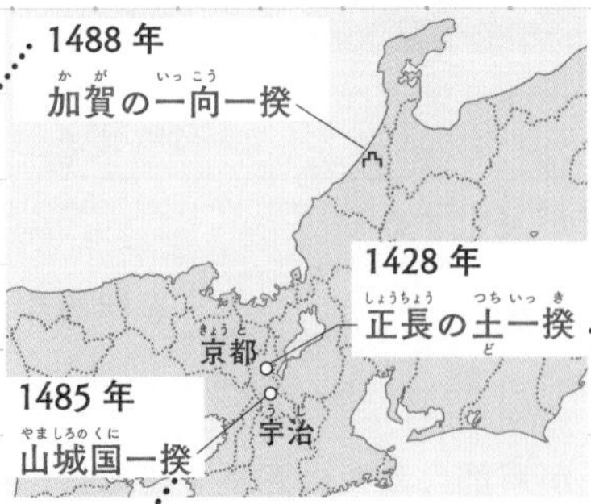

場所…加賀（石川県）
起こした人々…浄土真宗（一向宗）の信仰で結びついた人々
内容…守護大名をたおして約100年間自治を行った。

場所…近江（滋賀県）
起こした人々…馬借など
内容…12 や酒屋をおそい，幕府に借金の帳消し（徳政令）を要求した。

場所…山城（京都府南部）
起こした人々…武士や農民
内容…守護大名を追い出し，8年間自治を行った。

(学研写真資料)

正長元年ヨリサキ者，カンへ四カンカウニヲヰメアルヘカラス

正長の土一揆の碑文…「1428年以前の借金は帳消しにする」という宣言が刻まれているよ。

産業の発達

農業	・鎌倉時代より始まった 13 ，牛馬を使った農耕がさらに広まる。 （同じ田畑で米と麦を交互につくる。）
商業	・定期市の開かれる日数が月6回に増えた。 ・高利貸し（金融業）の 12 や酒屋が栄えた。 ・商工業者の同業者の団体である 14 がつくられた。
運送業	・陸上… 15 や車借　・海上…問（問丸）

(ColBase (https://colbase.nich.go.jp))

▲ 16 が描いた水墨画：墨一色で自然を表現した。

室町時代の文化

足利義満のころ…貴族と武家の文化が融合した北山文化。

足利義政のころ…禅宗の影響を受けた簡素で気品のある東山文化。

建築	金閣…足利 17 が建てた。 銀閣…足利 18 が建てた。
美術	水墨画…禅僧の 16 が多くの名作を残す。
芸能	19 …観阿弥・世阿弥親子が大成。 狂言…能の合間に演じられる。
文芸	連歌…和歌の上の句と下の句を別の人が詠みつぐ。 御伽草子…『一寸法師』，『浦島太郎』など。

銀閣と同じ敷地内にある東求堂の同仁斎という部屋だよ。

▲ 20 造の部屋：禅宗の寺院の様式を武家の住居に取り入れた建築様式。

中1社会の解答

地理

P.105 地球の姿

01 3　02 7　03 ヨーロッパ　04 ユーラシア　05 オセアニア　06 太平(たいへい)　07 緯線(いせん)（経線(けいせん)）　08 経線（緯線）

09 内陸国　10 島国　11 ロシア（ロシア連邦(れんぽう)）　12 中国(ちゅうごく)（中華人民共和国(ちゅうかじんみんきょうわこく)）　13 バチカン市国(しこく)

14 国旗　15 イギリス　16 イスラム

P.107 緯度(いど)と経度(けいど)，地球儀(ぎ)と世界地図

01 本初子午線(ほんしょしごせん)　02 緯度　03 赤道(せきどう)　04 経度　05 緯線　06 経線　07 低く　08 逆　09 冬　10 夏

11 地球儀　12 角度　13 距離(きょり)　14 面積

P.109 日本の姿

01 ユーラシア　02 オーストラリア　03 中国（中華人民共和国）　04 15　05 135　06 135　07 9

08 2　09 1　10 午前9　11 排他的経済水域(はいたてきけいざいすいいき)　12 領海　13 択捉(えとろふ)　14 与那国(よなぐに)　15 沖ノ鳥(おきのとり)

16 北方領土　17 南鳥(みなみとり)　18 中部(ちゅうぶ)　19 近畿(きんき)

P.111 世界各地の人々の生活と環境(かんきょう)

01 温　02 寒　03 乾燥(かんそう)　04 熱　05 高山　06 風通し　07 毛皮　08 高い　09 石　10 れんが

11 米　12 小麦　13 イスラム　14 仏　15 キリスト

P.113 アジア州①

01 ヒマラヤ　02 ペルシア（ペルシャ）　03 長江(ちょうこう/チャンチヤン)　04 季節風（モンスーン）　05 熱　06 乾燥

07 東　08 南　09 6　10 東　11 西　12 インド　13 多　14 少な　15 米　16 小麦　17 NIES(ニーズ)

P.115 アジア州②

01 14　02 一人っ子　03 漢(かん)（漢民）　04 畑　05 稲(いな)　06 経済特区(けいざいとっく)　07 工場　08 工業　09 機械　10 二期作

11 プランテーション　12 ASEAN(アセアン)　13 綿花　14 ICT　15 OPEC(オペック)　16 原油（石油）

P.117 ヨーロッパ州①

01 偏西(へんせい)　02 北大西洋(きたたいせいよう)　03 フィヨルド　04 ライン　05 アルプス　06 西岸海洋性(せいがん)　07 地中海性(ちちゅうかい)

08 スラブ　09 ゲルマン　10 ラテン　11 プロテスタント　12 カトリック　13 正教会(せいきょうかい)

P.119 ヨーロッパ州②

01 EC(イーシー)　02 EU(イーユー)　03 イギリス　04 人口　05 税金　06 ユーロ　07 経済　08 酸性(さんせい)　09 再生

10 地中海式　11 オリーブ　12 酪農　13 混合　14 ドイツ　15 航空機

P.121 北アメリカ州

01 ロッキー　02 ミシシッピ　03 温　04 熱　05 ヒスパニック　06 自動車　07 適地適作(てきちてきさく)

08 企業(きぎょう)　09 酪農　10 小麦　11 綿花　12 小麦　13 サンベルト　14 シリコンバレー

No.

Date

社会 SOCIAL STUDIES

中1社会の解答

P.123 南アメリカ州

01 アマゾン　02 アンデス　03 高山　04 熱　05 先住民（先住民族）　06 ポルトガル　07 スペイン

08 コーヒー（豆）　09 パンパ　10 焼畑　11 銅　12 モノカルチャー　13 ブラジル

14 熱帯林（熱帯雨林）　15 バイオエタノール

P.125 アフリカ州／オセアニア州

01 サハラ　02 ナイル　03 プランテーション　04 カカオ（豆）　05 レアメタル　06 モノカルチャー

07 砂漠化　08 NGO　09 さんご礁　10 羊　11 鉄鉱石　12 石炭　13 アボリジニ（アボリジニー）

14 マオリ　15 白豪主義

P.127 日本の自然環境

01 環太平洋　02 日本アルプス　03 黒潮　04 親潮　05 フォッサマグナ　06 リアス　07 大陸棚　08 海溝

09 急　10 扇状地　11 三角州　12 北西　13 南東　14 瀬戸内　15 北海道　16 東日本　17 ハザード

歴史

P.129 文明のおこり

01 アフリカ　02 チグリス（ティグリス）　03 ナイル　04 仏　05 秦　06 キリスト　07 イスラム

08 猿人　09 新人（ホモ・サピエンス）　10 打製　11 磨製　12 メソポタミア　13 太陰　14 くさび形（楔形）

15 エジプト　16 太陽　17 甲骨　18 シャカ（釈迦）　19 イエス　20 ムハンマド（マホメット）

P.131 日本の成り立ち

01 稲作　02 青銅器　03 金印　04 卑弥呼　05 大和政権（ヤマト王権）

06 古墳　07 仏教　08 渡来人　09 打製石器　10 縄文　11 土偶　12 弥生

13 銅鐸　14 高床倉庫　15 魏　16 大王　17 前方後円　18 埴輪　19 新羅　20 百済

P.133 聖徳太子の政治と大化の改新

01 摂政　02 冠位十二階　03 十七条　04 小野妹子　05 遣隋使

06 遣唐使　07 中大兄皇子　08 大化の改新　09 白村江　10 壬申　11 大宝律令　12 仏教

13 法隆寺　14 中臣鎌足　15 公地・公民（公地公民）　16 天武

中1社会の解答

P.135 奈良の都と天平文化

01 平城京　02 墾田永年私財法　03 鑑真　04 班田収授（班田収授の）　05 口分田　06 租

07 調　08 庸　09 仏教（仏）　10 東大寺　11 大仏　12 古事記　13 風土記

14 万葉集　15 唐招提寺　16 正倉院　17 和同開珎

P.137 平安京と国風文化

01 桓武　02 征夷大将軍　03 遣唐使　04 摂政　05 摂関　06 奥州藤原氏

07 院政　08 平清盛　09 唐　10 天台宗　11 延暦寺　12 真言宗

13 金剛峯寺　14 関白　15 宋　16 仮名文字（かな文字）

17 源氏物語　18 枕草子　19 念仏　20 平等院鳳凰堂

P.139 鎌倉幕府の成立と元寇

01 守護　02 地頭　03 征夷大将軍　04 承久　05 六波羅探題

06 御成敗式目（貞永式目）　07 元寇　08 徳政令　09 執権　10 御恩　11 奉公

12 北条時宗　13 金剛力士　14 東大寺南大　15 平家物語

16 新古今和歌集　17 浄土　18 浄土真（一向）　19 時　20 禅

P.141 室町幕府と室町文化

01 建武の新政　02 後醍醐　03 足利尊氏　04 足利義満　05 明

06 勘合　07 琉球王国　08 応仁の乱　09 下剋上　10 管領　11 倭寇

12 土倉　13 二毛作　14 座　15 馬借　16 雪舟　17 義満　18 義政

19 能（能楽）　20 書院

THE
LOOSE-LEAF
STUDY GUIDE
1
FOR JHS STUDENTS

中1
国語
JAPANESE

THE LOOSE-LEAF STUDY GUIDE
GAKKEN
-PLUS-

A LOOSE-LEAF COLLECTION
FOR A COMPLETE REVIEW OF ALL 5 SUBJECTS
GAKKEN PLUS

学習内容

漢字・語句	学習日	テスト日程
1 部首・筆順		
2 熟語の構成		
文法	**学習日**	**テスト日程**
3 言葉の単位 文の組み立て		
4 文の成分 自立語と付属語・単語の活用		
5 品詞の分類 用言・体言		
古典	**学習日**	**テスト日程**
6 歴史的仮名遣い 古文の特徴		
7 漢文の基礎知識		

TO DO LIST

やることをリストにしよう！ 重要度を☆で示し、できたら□に印をつけよう。

□☆☆☆	□☆☆☆
□☆☆☆	□☆☆☆
□☆☆☆	□☆☆☆
□☆☆☆	□☆☆☆

THEME 漢字・語句

部首・筆順

まだまだ　もう少し　ばっちり

部首

□ 部首：漢字を形で分類するときの基準となる部分。
漢字のどの位置にあるかで、へん・01 ＿＿＿・かんむり・あし・たれ・にょう・かまえに分けられる。

□ へん

打（てへん）

亻 にんべん
木 02 ＿＿＿
氵 さんずい
言 ごんべん

□ つくり

改（ぼくにょう・のぶん）

刂 03 ＿＿＿
阝 おおざと
頁 おおがい・いちのかい
彡 さんづくり

□ かんむり

雪（あめかんむり）

宀 04 ＿＿＿
艹 くさかんむり
⺮ たけかんむり

□ あし

兄（にんにょう・ひとあし）

灬 れんが・れっか
心 05 ＿＿＿
皿 さら
廾 にじゅうあし・こまぬき

□ たれ

屋（しかばね）

厂 がんだれ
广 06 ＿＿＿
疒 やまいだれ
戸 とだれ・とかんむり

□ にょう

起（そうにょう）

辶 しんにょう・しんにゅう
夊 07 ＿＿＿

□ かまえ

円（けいがまえ・どうがまえ）

門 08 ＿＿＿・かどがまえ

区（かくしがまえ）

囲（くにがまえ）

式（しきがまえ）

術（ぎょうがまえ・ゆきがまえ）

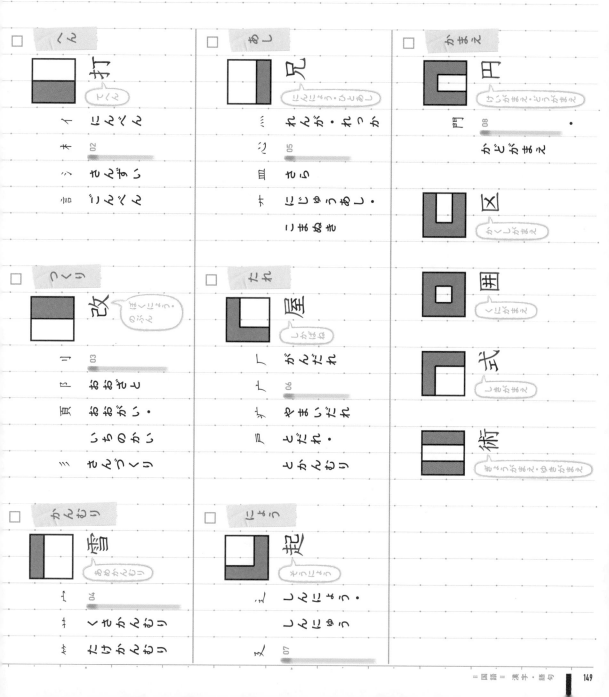

筆順

□ 筆順：漢字を書くときの順序。書き順。
筆順どおりに書くと、筆の運びが滑（なめ）らかになり、字の形を整えやすくなる。

主な筆順の原則

□ 上から 09＿＿＿＿ へ書く。
例 一 二 三

□ 左から 10＿＿＿＿ へ書く。
例 丿 川 川

□ 外側の囲みは 11＿＿＿＿ に書く。
例 丨 冂 冂 冋 同 同
丨 冂 冂 冂 囗 国 国 国

□ 貫（つらぬ）く画は 12＿＿＿＿ に書く。
例 丶 冂 口 中
ㄑ 𠃍 𠃍 𠃍 母

「世」のように、例外もあるよ！

□ 左払（ひだりはら）いが先、右払いがあと。
例 丶 亠 亠 六 交 交

□ 中と左右に分かれる字は、中の画を先に書く。
例 亅 小 小

□ 縦画と横画が交わるときは、横画を先に書く。
例 一 十 土

「王」のように、例外もあるよ！

間違（まちが）えやすい筆順の漢字

- 成 ➡ 丿 厂 万 成 成 成
- 発 ➡ ㇇ ㇇ 癶 癶 癶 癶 癸 発
- 必 ➡ 丶 ソ 义 必 必
- 布 ➡ ノ ナ 才 右 布
- 飛 ➡ ㇈ ㇈ ㇈ 飞 飞 飛 飛 飛 飛
- 長 ➡ 一 厂 F F 巨 長 長 長

熟語の構成

熟語

□ 熟語：二字以上の漢字が組み合わさって、一つの言葉になったもの。

二字熟語の構成

□ 似た意味を組み合わせた熟語

例 思考（思う＝01 ＿＿＿＿）
上昇（上る＝昇る）
善良（善い＝良い）
温暖（温かい＝暖かい）

□ 上が下を詳しくする熟語

例 海底（海の→底）
曲線（曲がった→03 ＿＿＿＿）
濃霧（濃い→霧）
厳禁（厳しく→禁じる）

□ 上が主語で下が述語の熟語

例 頭痛（頭が→05 ＿＿＿＿）
県営（県が→営む）
骨折（骨が→折れる）
雷鳴（雷が→鳴る）

□ 下に接尾語が付く熟語

例 酸性・知的
平然・強化

作用や状態を表すよ。

□ 反対の意味を組み合わせた熟語

例 明暗（明るい↕02 ＿＿＿＿）
強弱（強い↕弱い）
送迎（送る↕迎える）
難易（難しい↕易しい）

□ 上が動作、下が目的・対象の熟語

例 着席（着く↑席に）
消火（04 ＿＿＿＿↑火を）
炊飯（炊く↑飯を）
開店（開ける↑店を）

□ 上に接頭語が付く熟語

例 不安・未定
無限・非常

どれも下の漢字の意味を打ち消す漢字だよ！

御飯・弊社

どちらも敬意を表す接頭語だよ。

□ 同じ漢字を重ねた熟語

例 人人・散散
代々・延々

「々」を使って書き表してもOKだよ。

三字熟語の構成

□ 反対の意味を組み合わせた熟語

例 過不足（過ぎる↕ 06 ＿＿＿＿）

出退勤（出勤↕退勤）

□ 上が動作、下が目的・対象の熟語

例 要注意（要する↑注意を）

有意義（有する↑意義を）

□ 下に接尾語が付く熟語

例 人間性・合理的・簡略化

□ 上が下を詳しくする熟語

例 新発見（新しい↓ 07 ＿＿＿＿）

少人数（少ない↓人数）

□ 上に接頭語が付く熟語

例 不十分・無関心・未解決・非公開

□ 三字が対等の関係の熟語

例 衣食住・市町村・松竹梅

四字熟語の構成

□ 似た意味を組み合わせた熟語

例 自由自在（自由＝ 08 ＿＿＿＿）

□ 上が下を詳しくする熟語

例 南極大陸（南極の↓大陸）

□ 四字が対等の関係の熟語

例 東西南北・春夏秋冬

□ 反対の意味を組み合わせた熟語

例 質疑応答（質疑↕ 09 ＿＿＿＿）

□ 上が主語で下が述語の熟語

例 呼吸困難（呼吸が↓ 10 ＿＿＿＿だ）

間違えやすい四字熟語

×	○
危機一発	危機一髪
短刀直入	単刀直入
絶対絶命	絶体絶命
異句同音	異口同音
五里夢中	五里霧中
思考錯誤	試行錯誤
厚顔無知	厚顔無恥
心気一転	心機一転

THEME 文法

言葉の単位　文の組み立て

言葉の単位

□ 言葉は、大きい順に、文章→01＿＿＿→文→02＿＿＿→単語の五つの単位に分けられる。

□ 文章

たいていは複数の03＿＿＿や段落からできていて、全体でまとまった内容を表す。

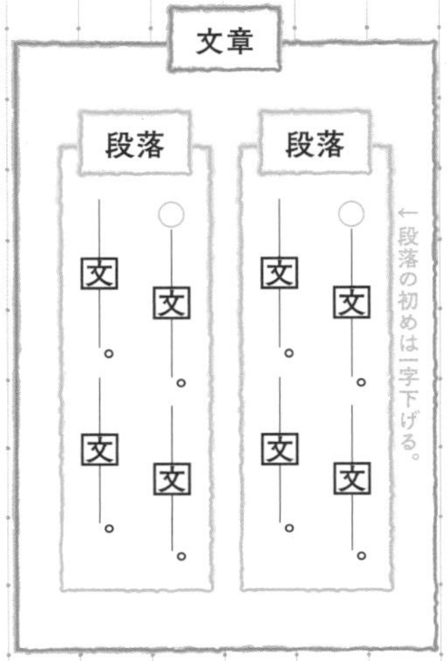

□ 段落

文章をまとまりごとに区切ったもの。

段落の初めは改行して、04＿＿＿字下げて書く。

□ 文

ある内容を表すひと続きの言葉。最後に「。」（05＿＿＿）などを付ける。

「？」「！」などが付く場合もあるよ！

□ 文節

意味を壊(こわ)さずに、文を短く区切ったひと区切り。

文中に「ね」「さ」「よ」などを入れて自然に区切れるところ。

例 姉は(文節)／ね／ケーキを(文節)／ね／食べて(文節)／ね／いる(文節)／よ。

□ 単語

言葉の最小単位。06＿＿＿をさらに細かく分けたもの。

例 私(単語)／に(単語)／も(単語)／食べ(単語)／させ(単語)／て(単語)／ほしい(単語)。

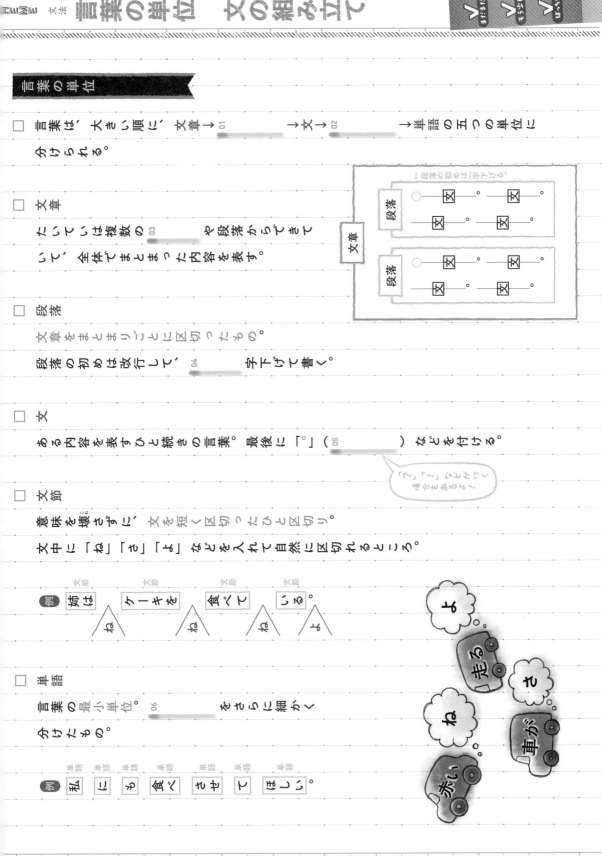

文の組み立て

□ 文節どうしは、さまざまな関係で結び付いて、文を組み立てている。

□ 主・述の関係（主語・述語の関係）

「何（誰）が」という 07 ＿＿＿＿ と、「どうする」などの 08 ＿＿＿＿ との関係。

「どんなだ」「何だ」「ある・いる」「ない」という述語もあるよ。

例 花が（主語）　咲く。（述語）

□ 修飾・被修飾の関係

他の文節を詳しくする 09 ＿＿＿＿ 語と、詳しくされる被修飾語との関係。

例 きれいな（修飾語）　花が（被修飾語）　たくさん（修飾語）　咲く。（被修飾語）

□ 接続の関係

文と文などをつなぐ 10 ＿＿＿＿ 語と、その後に続く文や文節との関係。

例 花が　咲いた。しかし、（接続語）　枯れて　しまった。

□ 独立の関係

11 ＿＿＿＿ 語と、他の文節との関係。

例 おや、（独立語）　きれいな　花が　咲いた。

□ 並立の関係

二つ以上の文節が対等に並ぶ関係。

例 赤くて　きれいな　花が　咲いた。

□ 補助の関係

主な意味を表す文節と、

12 ＿＿＿＿ 的な意味を添える文節との関係。

例 きれいな　花が　咲いて（主な意味）　いる。（補助的な意味）

補助的な意味を添える文節

例
・聞いて　ほしい。
・試して　みる。
・覚えて　しまう。
・置いて　おく。
・助けて　もらう。
・白く　ない。

文の成分　自立語と付属語・単語の活用

まだまだ　もう少し　ばっちり

国語 JAPANESE No. Date

文の成分

□ 文の成分には、主語・01＿＿＿＿・修飾語（しゅうしょくご）・接続語・独立語の五種類がある。

□ 主語
「何が・02＿＿＿＿が」を表す。　例 鳥が（主語（何が））　飛ぶ。

「〜は」「〜も」「〜こそ」などの形もあるよ。

□ 述語
「どうする・どんなだ・何だ」などを表す。　例 鳥が　飛ぶ（述語（どうする））。

□ 03＿＿＿＿語
「何を・どんな」など、他の文節を詳（くわ）しくする。　例 鳥が　空を（修飾語（どこを））　飛ぶ。

□ 04＿＿＿＿語
文と文、文節と文節などをつなぐ。　例 鳥が　飛んだ。そして（接続語（並列））、見えなく　なった。

□ 05＿＿＿＿語
他の文節と直接関係をもたずに、独立している。　例 おや（独立語（感動））、鳥が　飛んで　いる。

連文節

□ 連文節：二つ以上の文節がひとまとまりになって、主語や述語などと同じ働きをするもの。

□ 主部　例 白い　猫（ねこ）が　いる。
□ 述部　例 猫が　鳴いて　いる。
□ 修飾部　例 猫が　うちの　庭を　横切る。
□ 接続部　例 猫が　いたが、逃（に）げられた。
□ 独立部　例 よく　眠（ねむ）る　動物、それが　猫だ。

文の成分のよび名
・一文節の場合 ➜「〜語」
・連文節の場合 ➜「〜部」

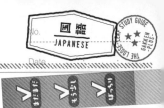

THEME 文の成分　自立語と付属語・単語の活用

自立語と付属語

- □ 単語は、自立語か付属語かに分類できる。

□ 自立語

- それだけで意味がわかる。
- 単独で文節を作れる。
- 文節の中に必ず 06＿＿＿＿ つある。
- 文節の初めにある。

□ 付属語

- それだけでは意味がわからない。
- 単独では 07＿＿＿＿ を作れない。
- 文節の中に一つもないことも、複数あることもある。
- 08＿＿＿＿ の後ろにくる。

例　私［自］は［付］／今日［自］、／ピアノ［自］の［付］／レッスン［自］に［付］／行き［自］まし［付］た［付］。

（今日：自立語だけの文節！）
（行きました：文節の中に付属語が二つ！）

単語の活用

- □ 活用：あとに続く言葉によって、単語の形が変化すること。
- □ 単語は、活用するか活用しないかに分類できる。
自立語にも付属語にも、活用する単語がある。

例
- 言わナイ
- 言おウ
- 言う
- 09＿＿＿＿ マス
- 言えバ
- 言え。

- 赤かろウ
- 赤くナイ
- 赤い
- 10＿＿＿＿ タ
- 赤けれバ

（活用するかしないかは、単語に「〜ナイ」を付けて見分けよう。「走らナイ」のように形が変われば、活用するよ。）

変化しない部分：「語幹」
変化する部分：「活用語尾（ごび）」

THEME 文法

品詞の分類 用言・体言

まだまだ もう少し ばっちり

品詞

□ 品詞：単語を、文法上の性質や働きによって分類したもの。全部で 01 ＿＿ 種類ある。

品詞の分類

- 単語
  - 自立語
    - 活用しない
      - 主語になる（体言）……………… □ 02 ＿＿
      - 主語にならない
        - 修飾語（しゅうしょくご）になる
          - 主に用言を修飾 ……… □ 副詞
          - 03 ＿＿ を修飾 ……… □ 連体詞
        - 接続語になる ……………… □ 04 ＿＿
        - 05 ＿＿ 語になる ……………… □ 感動詞
    - 活用する……述語になる（用言）
      - ウ段の音で終わる ……………… □ 06 ＿＿
      - 「07 ＿＿」で終わる ……………… □ 形容詞
      - 「だ・です」で終わる ……………… □ 08 ＿＿
  - 付属語
    - 活用しない ……………… □ 助詞
    - 活用する ……………… □ 09 ＿＿

「自立語か付属語か」「活用するか活用しないか」「どんな文の成分になるか」と分類していくと、品詞に分けられるよ。

この他に名詞・接続詞・動詞・形容動詞も入るよ。

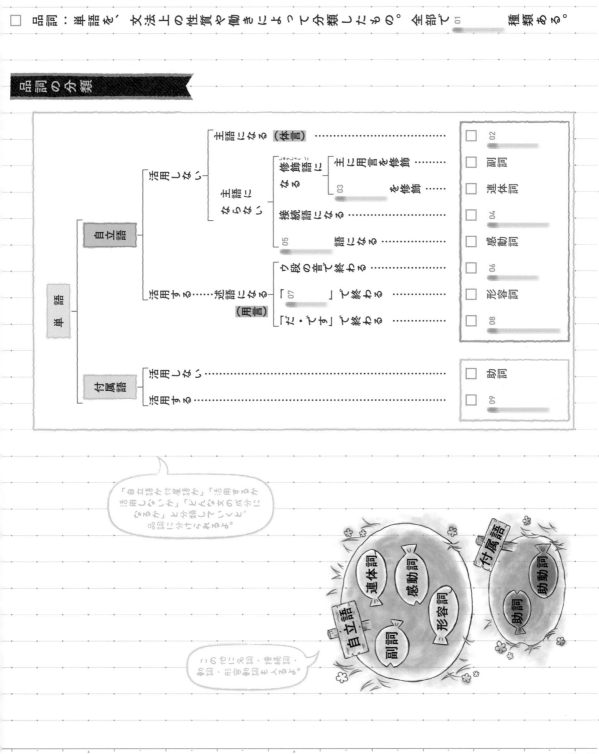

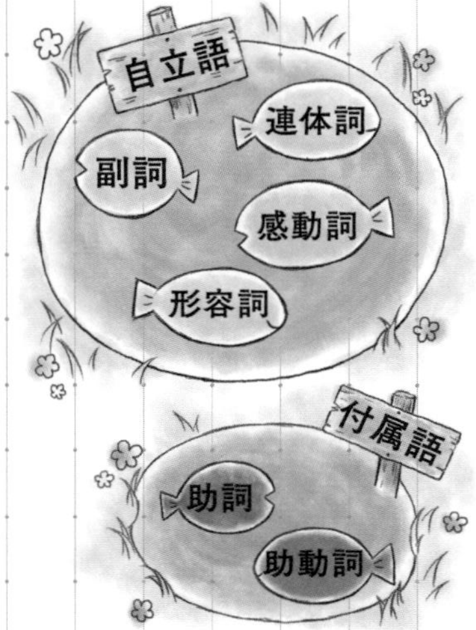

THEME 品詞の分類　用言・体言

用言

□ 用言：活用する 10 ＿＿＿＿ 語で、単独で 11 ＿＿＿＿ になれる。

□ 用言には、動詞・ 12 ＿＿＿＿ ・形容動詞の三つがある。

例 妹が　おやつを　食べる。（食べる：動詞＝用言／述語）

この　すいかは　甘い。（甘い：形容詞＝用言／述語）

祭りの　会場は　にぎやかだ。（にぎやかだ：形容動詞＝用言／述語）

用言の識別

言い切りの形に直して区別する。

- ウ段の音 ➜ 動詞
- 「い」 ➜ 形容詞
- 「だ・です」 ➜ 形容動詞

体言

□ 体言：活用しない 13 ＿＿＿＿ 語で、「が・は・も」などを付けて 14 ＿＿＿＿ になれる。

□ 体言は、 15 ＿＿＿＿ だけである。

例 夏が　もうすぐ　終わる。（夏：名詞＝体言／主語）

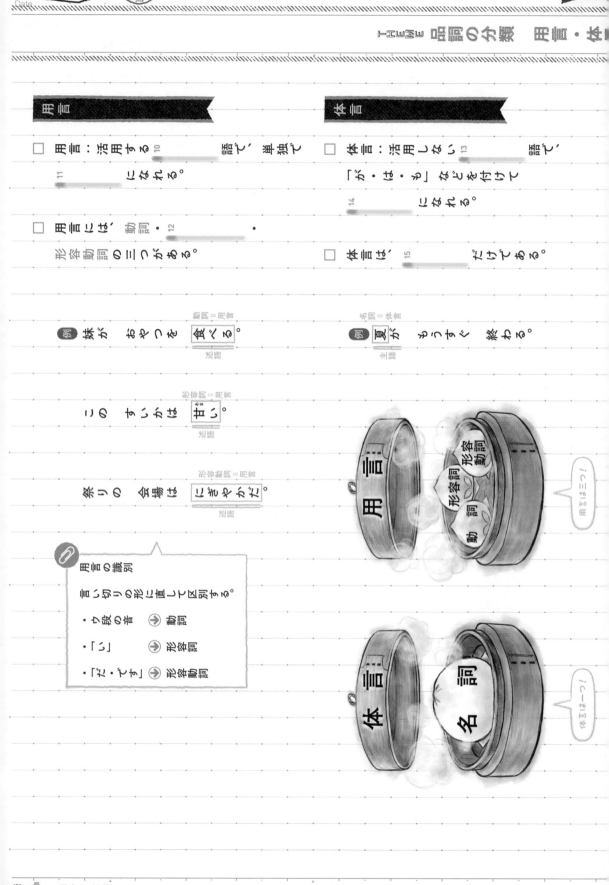

歴史的仮名遣い　古文の特徴

歴史的仮名遣い

□ 歴史的仮名遣い（かなづかい）：古文で使われている仮名遣い。

□ 歴史的仮名遣いのきまり

歴史的仮名遣い	読み方	例
語頭以外の は・ひ・ふ・へ・ほ	わ・い・う・え・お	例 おはす → 01 ____ いとほし → いとおし
ゐ・ゑ・を	い・02 ____・お	例 ゐる → 03 ____ をかし → おかし
ぢ・づ	じ・04 ____	例 なんぢ → 05 ____ めづらし → めずらし
くわ・ぐわ	か・06 ____	例 くわじ（火事） → 07 ____ しぐわつ（四月） → しがつ
au・iu・eu・ou	ô・yû・yô・ô	例 まうす（申す） → 08 ____ ちうや（昼夜） → ちゅうや れうり（料理） → 09 ____
「なむ」「けむ」などの「む」	ん	例 取らむ → 10 ____

「は」の読み方

・「は」と読む語

例 はなつ（放つ） ➔ 語の頭にある場合

のはら（野原） ➔ 二語が合わさってできた語

・「わ」と読む語

例 おはす ➔ 語の頭以外にある場合

夏は夜 ➔ 助詞

歴史的仮名遣いのきまりを二つ使う言葉

けふ → けう → きょう

①「ふ」を「う」に直す。　②「eu」を「yô」に直す。

古文の特徴

語句の省略

□ 主語の省略

例 （翁(おきな)が）あやしがりて、寄りて見るに……　[訳]（翁が）不思議に思って、近寄ってみると……

（11 ＿＿＿＿ が省略されている。）

□ 述語の省略

例 春はあけぼの（をかし）。　[訳] 春は明け方（が趣(おもむき)がある）。

（12 ＿＿＿＿ が省略されている。）

□ 助詞の省略

例 雨など（が）降るもをかし。　[訳] 雨など（が）降るのも趣がある。

（「雨など」のあとに、13 ＿＿＿＿ が省略されている。）

係り結び

□ 文中に係助詞「ぞ・なむ・や・か・こそ」があると、文末が連体形か已然形(いぜんけい)になる。

例 もと光る竹［なむ］（係助詞）一筋あり［ける］（連体形）。

「なむ」がなければ「ありけり」。

[訳] 根元が光る竹が一本あった。（強調）

例 彼(かれ)に劣(おと)るところ［や］（係助詞）［ある］（連体形）。

[訳] 彼に劣るところがあるだろうか、いや、ない。（疑問・反語）

係助詞	意味	結びの活用形
ぞ	強調	連体形
なむ	強調	14 ＿＿＿＿ 形
や	疑問・反語	連体形
か	疑問・反語	15 ＿＿＿＿ 形
こそ	16 ＿＿＿＿	已然形

漢文の基礎知識

まだまだ　もう少し　ばっちり

No.　Date
国語 JAPANESE

漢文の基礎

□ 漢文：主に中国古来の、漢字のみで書かれた文章のこと。

漢文の読み方

□ 01 ＿＿＿＿：漢字だけで書かれた元の文。

例 大器晩成。　春眠不覚暁。

白文は、中国古来の漢文のままだから、日本語としては読めないよ。

↓

□ 02 ＿＿＿＿文：白文に訓点（句読点・送り仮名・返り点）を付けて、読み方を示したもの。

例 大器ハ晩成ス。　春眠不レ覚レ暁エ。ヲ

訓読文を送り仮名や返り点に従って読むことを、「訓読する」ともいうよ。

↓

□ 03 ＿＿＿＿文：訓読文を漢字仮名交じり文に書き直したもの。

例 大器は晩成す。　春眠（しゅんみん）暁（あかつき）を覚えず。

書き下し文は、日本の文語文で書かれているよ。

書き下し文の原則

日本語の助詞・助動詞にあたる漢字・送り仮名は平仮名にする。

例 一寸ノ光陰不レ（ず・助動詞）可レ（べから・助動詞）軽ンズ。 → 一寸の光陰軽んずべからず。

例 有リ朋（とも）自リ（より・助詞）遠方一来タル上。 → 朋遠方より来たる有り。

THEME 漢文の基礎知識

漢文の構成

訓点

訓点の種類	使い方	例
句読点	言葉の切れ目や文の切れ目に付ける。	例 己所不欲、勿施於人。
送り仮名	漢字の右下に、04 ＿＿＿＿ を使って入れて、漢字の送り仮名などを表す。	例 己(おのれ)ノ所ハ不ル欲セ、勿カレ施(ほどこ)スコト於人ニ。
返り点	漢字の 05 ＿＿＿＿ に入れて、漢文を読む順序を表す。	例 己ノ所レハ不レル欲セ、勿レカレ施二スコト於人一ニ。

「於」は、置き字といって、訓読しない文字だよ。

主な返り点

□ 06 ＿＿＿＿：下の一字を先に読み、上の字に返ることを示す。

例 読レム書ヲ。 → 書き下し文 07 ＿＿＿＿。

□ 08 ＿＿＿＿：下の二字以上を先に読み、上の字に返ることを示す。

例 望二ム山一月ヲ。 → 書き下し文 09 ＿＿＿＿。

□ 上・（中・）下点：一・二点のある部分を挟(はさ)んで、さらに上の字に返ることを示す。

例 有下リ朋(とも)自二リ遠一方一来上タル。 → 朋遠方より来たる有り。

組み合わせた返り点の読み方

レ点と一・二点、上・（中・）下点が組み合わさっているときには、まずレ点に従って読んでから、一・二点、上・（中・）下点に従って読む。

例 楚(そ)人(ひとニ)有下リ ④鬻(ひさグ)二 ①盾(たてト) ③与(とヲ)レ ②矛(ほこ) 者上。

→ 楚人に盾と矛とを鬻ぐ者有り。

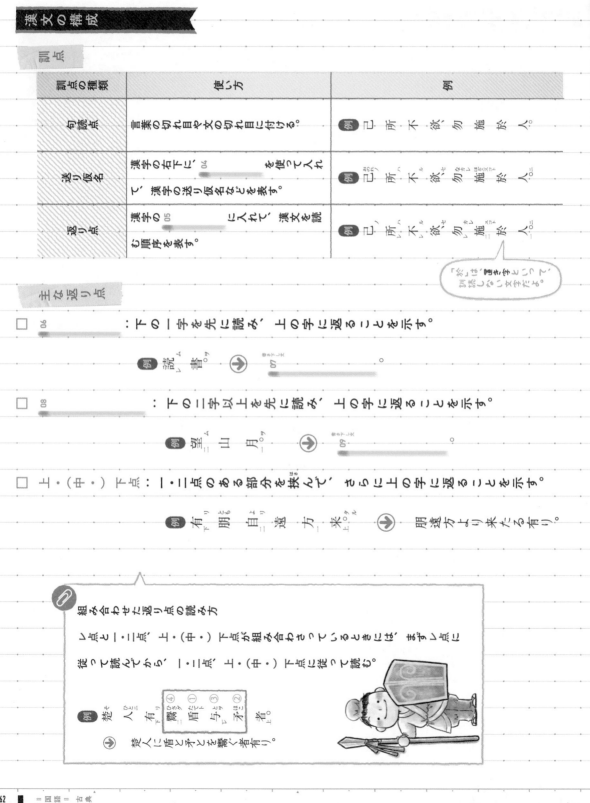

中1国語の解答

P.149 部首・筆順

01 つくり 02 きへん 03 りっとう 04 うかんむり 05 こころ 06 まだれ 07 えんにょう 08 もんがまえ

09 下 10 右 11 先 12 最後

P.151 熟語の構成

01 考える 02 暗い 03 線 04 消す 05 痛い 06 不足 07 発見 08 自在 09 応答 10 困難

P.153 言葉の単位 文の組み立て

01 段落 02 文節 03 文 04 一 05 句点 06 文節 07 主語 08 述語 09 修飾 10 接続 11 独立

12 補助

P.155 文の成分 自立語と付属語・単語の活用

01 述語 02 誰 03 修飾 04 接続 05 独立 06 一 07 文節 08 自立語 09 言い 10 赤かっ

P.157 品詞の分類 用言・体言

01 十 02 名詞 03 体言 04 接続詞 05 独立 06 動詞 07 い 08 形容動詞 09 助動詞 10 自立

11 述語 12 形容詞 13 自立 14 主語 15 名詞

P.159 歴史的仮名遣い 古文の特徴

01 おわす 02 え 03 いる 04 ず 05 なんじ 06 が 07 かじ 08 もうす 09 りょうり 10 取らん

11 主語（翁が） 12 述語（をかし） 13 助詞（が） 14 連体 15 連体 16 強調

P.161 漢文の基礎知識

01 白文 02 訓読 03 書き下し 04 片仮名 05 左下 06 レ点 07 書を読む 08 一・二点 09 山月を望む

No.

Date

©Gakken